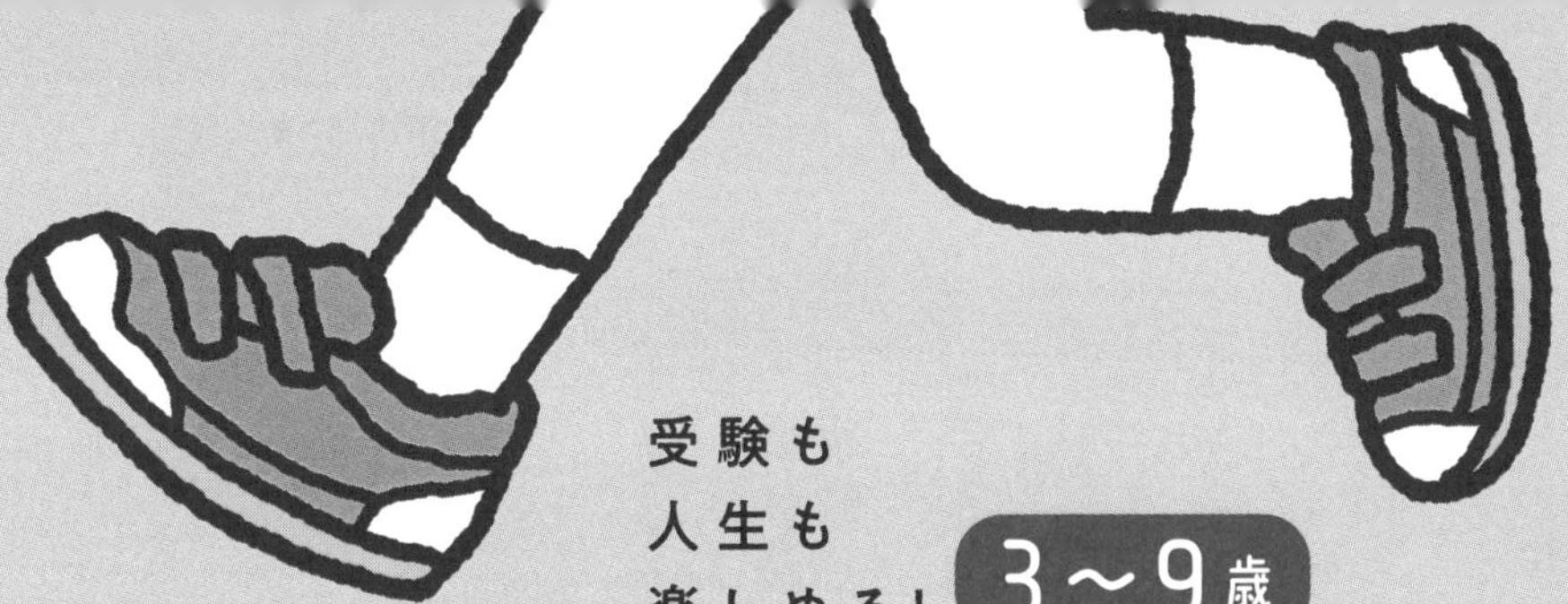

受験も
人生も
楽しめる！

3〜9歳

理系脳・運動脳が育つ

ぺたほめ親子あそび

藤田敦子

日本ぺたほめアカデミー協会代表理事
日本心理学会正会員
日本心理学会認定心理士

小学館

はじめに

こんにちは。一般社団法人日本ぺたほめアカデミー協会代表理事の藤田敦子です。この本を手に取っていただきありがとうございます。

私は大学卒業後、ニットデザイナーとして働き、出産を機に退職しました。しかし2人の息子が小学校4年生、2年生の時に離婚。シングルマザーとしてがんばってきました。息子たちはともに京都の進学校、洛星《らくせい》中学・高校を経て、京都府立医科大学医学部医学科に現役合格。現在は医師として活躍しています。

そんな私の子育ての指針は、主に2つ。

❶勉強は楽しい！

❷賢いは邪魔にならない！

息子たちが生まれたときから、勉強を楽しめる賢い子に育てたいと思っていました。というのも、私は中学受験を機に勉強嫌いになってしまい、かろうじて合格したものの、中学・高校は赤点だらけ……。勉強はずっと苦痛でした。勉強する時間は小学校から大学まで、塾も入れたら本当に膨大です。その時間を楽しいと思えたら、かなりの時間がわくわくするはず。

そして「賢い」＝「勉強ができること」ではありません。集中力や記憶力、判断力など人生そのものにつながる力のこと。予測不可能なこれからの時代に必要ですよね！

え？　息子2人を医学部に現役合格させたのだから、お母さんも勉強好きかと思った？　**ママやパパが勉強嫌いでも、子どもを賢く育てられる**の？　はい。もちろんです。その方法を知ってほしいから、この本を書いたのです♡

勉強嫌いだった私が「勉強大好き」な息子たちを育てた方法「ぺたほめ」教育法のルーツは、ニットデザイナー時代にあります。働きながら夜間、デザインとパターン学校に通い、ようやく自分の作品が展示販売されたとき、たくさんのお客さんが「このセーターいいね」と、購入してくれたのです。その喜びが励みとなり、その後のがんばりにつながって昇進することができました。商品になったセーターという「がんばりの見える化」によって、たくさんの人から「ほめられる結果」を実感できたのでした。

私の経験と、大学で学んだ発達心理学の視点から、子育てに「ぺたほめ」＝「がんばりの見える化」を取り入れてきました。息子たちにとって勉強は「ママと過ごせる楽しい時間」であり、中学受験でも「勉強楽しい～」と、受験校すべてに合格！　中学・高校ではサッカー部とバレーボール部、大学ではフットサル部と軟式テニス部で活躍。運動脳がばっちり育っただけでなく、体育祭応援団長、学園祭実行委員長、運動部部長などリーダーシップも発揮する子になりました。**「ぺたほめ」は、ただ賢い子を育てるだけではなく、優しさや思いやり、コミュニケーション力、応援される力、リーダーシップなどを兼ね備えた子を育てる**のです。

「ぺたほめ」は、子どものがんばりを見えるところに「ぺた」っと貼って、たくさん「ほめ」るから「ぺたほめ」。絵やテストはもちろん、スポーツなどの「がんばり」も、写真やシールなどで人の集まるところにぺたっ！　子どものがんばりを何度もほめられるツールにすることで、自信とやる気が育ち、またほめられたいから次のがんばりへ。この繰り返しが自己肯定感を高め、がんばりを惜しまない子に育みます。

ほめられた数＝やる気と自信→次のがんばり

この「ぺたほめ」教育法を、いま子育てに悩んでいるお母さんたちに広めたい！　そんな思いで講座を開催しています。熱心なお母さんたちは、お子さんを賢く育てたいからこそガミガミ、イライラしがちで、具体的な方法に悩んでいる方が多いのです。

親は勉強をさせたい！　子どもはお母さん・お父さんと楽しく遊びたい！　その思いを叶えるのがこの本です。実際に息子たちとした「理系脳・運動脳を育てる」あそびが満載。どれもあそびながら勉強につながります。「これならできそう♡」と思える取り組みを1つでも見つけられればＯＫ！　まずはお母さん・お父さんが楽しんで、お子さんの笑顔を感じたらいつの間にか「賢く」育っているはず。親子の夢が叶いますように！

contents

第2章

第3章 「運動脳」を育てる親子あそび

「ぺたほめ®」は商標登録です。

第1章

ぺたほめで親子の土台をつくる

幼児～低学年期こそ鍛えたい「理系脳」「運動脳」

熱心な親ほど、子どもを「勉強嫌い」にさせる素質がある？

勉強も人生も楽しめる、賢い子に育ってほしい。――そんな願いを抱いて、一生懸命子どもにドリルやワークをやらせたり、教室に通わせていたりする親御さんも多いでしょう。賢く育つことでお子さんの将来の選択肢は確実に増えますから、そう願うのは何も間違ったことではありません。

でも、ここに親が陥《おちい》りがちな罠があります。**「賢く育てないと」と熱心な親ほど、実は、子どもを勉強嫌いにさせるおそれがあるのです。**

勉強嫌いのお子さんに「どうして勉強が嫌いなの？」と聞くと「勉強したらお母さんが怒るから」と答えるケースが多々あります。しかし、お母さんに聞いてみると「私には怒った記憶はない」……。

つまりドリルやワークなど「子どもに勉強させる」シチュエーションになると、つい親から真剣さ、ともすれば必死さが出てしまうのです。

必死なのは、親が子どもの将来を思っているからです。「小学校に入るまでには」「中学受験対策が本格的に始まる小学校4年生までには」勉強する習慣や、入塾テストをクリアできるくらいの基礎知識を身につけさせないと……。そんな心配や焦りから、子どもがちょっとミスをしただけでつい眉をひそめ、ため息をついてしまう。

その姿が子どもの目には**「勉強するとお母さんは怒る」「大好きなお母さんを悲しませてしまう」と映り、勉強嫌いにつながるケースもあります。**

私はシングルマザーとして二人の息子を京都の難関中学（洛星中学）合格、難関大学（京都府立医科大学医学部医学科）現役合格へ導いた実績から、子育てに悩むお母さん向けに子育て講座をしています。ときどき「このままだと、うちの子はまずいのではないか」と精神的に追い詰められたお母さんが、相談にいらっしゃることもあります。

たとえば、あるお母さんは「うちの子、30分も座っていられないんです。このままだと小学校に入ってから困りますよね。家で座る練習をさせているんですけど、全然できなくて……どうしましょう」と焦っていました。

その方のお子さんは、まだ4歳だったのです。いやいや、座っていられなくて当然でしょう。むしろ**家で強制的に座らせる練習をすることで、まだ行ったこともない小学校が「苦痛を味わう場所」だとインプットされてしまいます**、とお話ししました。

他にもこんな例があります。

あるお母さんは、子どものごはんの食べ方が気になってしょうがなかった、と言います。食事中に席を立つ、ひじをつく、くちゃくちゃと音を立てて食べるなど。このままでは小学校に入ってから給食の時間で困る、と心配したお母さんは、目についたことを逐一《ちくいち》注意し続けました。

すると、なんとお子さんがごはんを食べなくなってしまったのだそうです。

お子さんは「自分がごはんを食べたら、お母さんが怒る」と思ったのでしょう。それだけ**子どもにとって、大好きなお母さんが怒っているのを見るのはつらいこと**なのですね。私の経験から、食事の態度に厳しい親御さんのほとんどが勉強に対しても厳しくされているので要注意です。

子どもを賢く育てたいあまりに、育児本やＳＮＳを漁《あさ》るように見てしまう、と言ったお母さんもいます。

たしかに近年、SNSによって、他の家庭の子育てを気軽にのぞき見できるようになりました。自分の子どもと他の子どもの成長具合、できることとできないことを比較しやすくなり、過剰に不安がる親御さんが増えています。

同じ年齢の子が、自分の子より「できる」様子を目にしてしまう。自分の子は他の子より著しく遅れているのではないか、と不安になる。そんな気持ちは理解できます。

でも、**子どものためにと親が必死になればなるほど、親の怒る顔を見たくない子どもは逃げてしまいます。**ますます親は不機嫌になり、きつく叱りつけて……と負のスパイラルを繰り返していては、子どもをどんどん勉強嫌いにさせるだけです。

これは勉強に限った話ではありません。運動にも同じようなことがいえます。

「運動ができる子に育てたい」「運動神経が悪かったら、小学校に入ってからいじめられるのでは」……。そんな思いから、なかば強制的に体操教室や水泳教室に連れていく。しかし、集団レッスンはみんなのペースで練習が進んでいきます。苦手なところでつまずいてしまったり、みんなのペースにうまく乗れなかったりする子どもも、当然いるでしょう。

子どもは他の子よりできないことがあると、自信を失い、積極的に取り組もうとしなくなります。それに対して親は怒ったり悲しんだりする。その親の顔を見て、子どもはますます「私は運動が苦手だ」「運動は嫌いだ」と思い込み、やる気がなくなってしまうのです。

9歳までに築きたい「親子の信頼関係」と「愛着の土台」

小学校、中学校、高校と、これから子どもたちは多くの時間を学校で過ごします。もし勉強や運動をする時間が苦痛になってしまったら、人生の多くをつらい時間として過ごさなければいけなくなるのです。

勉強や運動が好きで、何ごとにもがんばれる子どもに育てれば、子どもは学校に行くのが自然と楽しくなります。親が「勉強しなさい」と怒らなくても、自分からすすんでやるようになるのです。

そんな子に育てるためにも、幼児～小学校低学年の期間はとても大切な時期です。なぜなら**親子で長く時間を過ごすことができ、この時期に、親子の信頼関係や愛着の**

土台が築かれるからです。

何ごともがんばれる子どもの家には共通点があります。それは、成功も失敗もまるごと受け止めてくれるお母さん・お父さんがいることです。

子どもも、保育園や幼稚園、小学校でストレスを抱えている場合があります。そんなときでも、100%自分のことを認めてくれるお母さんやお父さんのいる安全基地＝家に帰ったら、安心します。悩みや、悔しかったことを話して「またがんばろう」と思えます。

そんな家庭で育つと、子どもは「自分はまるごと愛されている」という安心感を得ることができます。

その**親子の絆、愛着の土台があるから、がんばる力や自信が育ち、あきらめずにやり遂げ、自信を持って行動できるようになるのです。**

我が家の息子たちは、勉強や運動が大好きになりました。子どもは正直です。「楽しい」と思ったことしかしません。子どものときに「勉強は楽しい」「運動は楽しい」

という記憶を作れたからこそ、私の手を離れてからも、どんどん挑戦し、がんばることができたのです。

まるごと１００％認めてほめる、というのは意外と難しいものです。

次男は注目されることが大好きな子どもでした。年少の学芸会本番でのことは忘れられません。舞台上でコップをくわえるなど、予定にない動きをし始めると会場全員が笑い出したのを「ウケた」と勘違いし、立ち上がってはしゃぎ出したのです。

幼稚園の先生に「もうやめようか」と諭されるも止まらず、ついには舞台袖に引きずられていきました……。

そんな次男に、私はこう言ったのです。

「目立っててかっこよかったよ！」

周りの人たちに迷惑をかけるのは良くありませんが、注目されて嬉しいという子どもらしい気持ちを認めてあげたかったのです。

その後、医学部に現役合格しただけでなく、運動部に所属し、体育祭の応援団長、学園祭の実行委員長などを経験するなど、部活やクラスでもリーダーシップを発揮し、勉強以外にもさまざまに活躍できる子に育ちました。

「勉強は楽しい」「運動は楽しい」と思える子に育てれば、もっともっとやりたくなる。

人生のほとんどのことが楽しくなる。**自分はがんばれる人間だ、やればできるという自信や自己肯定感も、自然と育まれていきます。**

がんばれる子を育てる、子育てメソッド「ぺたほめ」

勉強や運動好きにするための根幹となる親子の信頼関係を築き、自分はがんばれる、やればできると思える子どもにするために、私が考えた子育てメソッドが「ぺたほめ」です。

「ぺたほめ」とは、子どものがんばりを目に見えるように「ぺた」っと貼って、たくさん「ほめ」ることです。がんばって描いた絵や、がんばって解いたプリントなど、多くの場合すぐにしまってしまうので、ほめるのは一度きり。がんばりを貼ることによって「すごいね」と家族みんなに何度もほめられるようになります。

しかもお母さんとお父さんだけでなく、家に遊びに来た親戚や友だちなど、何回もほめられることになります。子どもはそれが嬉しくて「またがんばろう」という気になるのです。

この「ぺたほめ」メソッドが生まれたのは、私が大学で4年間、発達心理学を学んだこと、また私自身が中学受験を経験して、勉強嫌いになったことが影響しています。中高時代の私は赤点ばかりでした。勉強しなさいと言われ続けたのが苦痛で、なかなかがんばれない子になってしまいました。

だからこそ息子たちのことは、勉強が嫌いにならないように育てたいと思ったのです。

「がんばりの見える化」と「まるごとほめる作戦」によって、子どもにどんな変化が起きると思いますか。

たとえばたくさんほめられるのが嬉しくて、また絵を描こうという気になります。

息子たちが幼稚園の頃は、おじいちゃんとおばあちゃんがよく遊びに来てくれたので

「明日、おばあちゃんたちが来るなら絵を描こうかな」と言って、描き始めることもありました。ほめてもらえるのが嬉しいから描きたい、のです。そして息子たちは特に絵を習ったことがなかったのに、学校などで絵の賞をいっぱいとるようになりました。幼児期から何度も描いていたので、きっと上手になったのでしょう。**ほめられた数が、やる気と自信になり、次のがんばりにつながっていくのです。**

「壁に描いた絵を貼るなんて、うちもやっているよ」と思われる方もいるかもしれません。ただ、子どもが「がんばった」と思うことを、見える化できているでしょうか。何度もほめられる機会をつくる作戦ができているでしょうか。

やる気と自信を育てるための「ぺたほめ」メソッドにはいくつかのルールがあります。

1つ目は、貼る場所。たくさんの人からほめてもらえることが目的ですから、家族が集まるリビングなど人の目に触れるところに貼ること。

2つ目は、貼るものは「自己申告制」にすること。親の目から見てよくできたかどうか、ではなく、子ども自身が「がんばった」と思うものをなんでも貼りましょう。

３つ目は、日々のお手伝いなど「貼れないがんばり」は、がんばったシール（2章41ページ参照）や、がんばっている瞬間を撮影した写真を貼って「見える化」することです。これで「貼れないがんばり」が見えるようになります。

「ぺたほめ」は、親の「ＯＫ」の基準を下げることから

「ぺたほめ」メソッドのポイントは、**単に貼るだけでなく、貼ったものが「ほめるツール」になり、ほめられる機会を増やすという作戦を秘めているということ。**

あそびも勉強も、子どもは「できた」「やれた」と感じると、もう一回やろうとします。成功体験を積み重ねることによって「がんばれば、できる」と自分のことが信じられるようになり、難しいことにも挑戦できるようになります。

では、この「ぺたほめ」を家庭に取り入れ、子どもの認められる経験を増やして自己肯定感を高めるためのポイントをお伝えしましょう。

ポイント1　ＯＫの基準を下げて、がんばれば子どもが到達できるレベルにする

お母さん・お父さんのＯＫの基準が高すぎると、子どもはなかなかそこに到達できません。するとほめられる回数も減るので「どうせできない」と諦めてしまうようになります。

しかし、**ＯＫの基準さえ低くすれば、おのずと成功体験は増えます。**

たとえば、なわとびをがんばっているけれど、なかなかうまく子どもが跳べない場合。「何回やってもできないなんて、あなたは運動が苦手なんじゃない」なんて親に言われたら、子どもの心はぽっきり折れます。

うちの長男は、なわとびがなかなか跳べませんでした。次男なら10回練習しただけで跳べるものが、長男は跳べない。でも、そんな長男も、１００回練習したら跳べるようになるかもしれないのです。

考えてみればノーベル賞をとるようなすごい人だって、おぎゃーと生まれてから、たった一度も失敗せずに偉業を成し遂げるわけがないんです。**99回失敗して、１００回目に成功したら、それは「成功」になる。**

長男がなわを跳ぶ前に少しジャンプできただけでも「すごい！　めっちゃ跳んでるで。このままだと鳥になれる！」と私は声をかけました。そうすると嬉しくて、長男もどんどん練習するようになります。結果、跳べるようになりました。

　このように「がんばり」をほめてもらえると、子どもはどんどん練習し、結果として上達します。

ポイント2　お母さん・お父さんの演技力

　たとえば親子で料理をするときの例でお話しします。子どもがやりたいと言ったのに、菜箸でちょこっと混ぜる程度にしかかかわらなかったとします。

　そんなときでも、あなたは子どもの目線になって「○○くんが作ってくれた料理、おいしそうだね！」「○○ちゃんが混ぜてくれたからおいしいね。天才だね〜！」とおおげさに言って、拍手することができるでしょうか。

　もちろん、実際はほぼ親が作っています。でも、ここは俳優になりきって、まるで子どもが1人で作りきったかのようにおおげさにほめてあげることが大事なのです。

　すると、子どもは「僕は料理ができた。」「私が作った料理はおいしかった！」と本気で思うことができます。子どもが喜んでいるのがわかると、親も嬉しくなります。

「このレベルまでできていなければ、できたとは言えない」といった厳密さを求める

より、どんなレベルでも「できたね～！　すごいね～！」と言えるようなおおらかな気持ちが、子どものやる気を伸ばすのです。

ポイント3　親が少し手を加えて、素敵な作品にしてから「ぺたほめ」

たとえば折り紙をしてあそぶときに、折り紙の端と端をきれいに合わせられないからといって「きっちり折らないと、上手にできないよ」と親が言ってしまえば、子どもは「難しい。もういい」とやる気がなくなってしまいます。

折り紙あそびのOKの基準を下げる工夫は、2章で詳しく説明するとして、たとえぐちゃぐちゃに折り紙を丸めただけであっても、けっして怒らずにほめてあげてほしいのです。

ぐちゃぐちゃに丸めた折り紙は、それだけ見れば失敗作かもしれません。でも画用紙などに貼り、親が葉っぱや茎を描き足せば、お花になります。**少し親が手を加えて上等な作品に仕上げたうえで「○○ちゃんのつくってくれた折り紙で、こんな素敵なお花ができたよ。ありがとう！」と言ってあげる。**

自分の丸めた折り紙が素敵なお花になったら、子どもも嬉しいでしょう。親がほとんど絵を描いてあげたとしても、まるで自分がすべてを作ったかのように「これ、私が作ったの！」と家族に自慢する子どもも実際にいるのです。

上手にできるかどうか、は重要ではないのです。大事なのは「また作ってみようかな」と思う気持ちを育てることです。

勉強は順番が大切。机に向かう前に親子あそびから

子どもと過ごせる時間は案外長くありません。関西大学の社会学者・保田《やすだ》時男《ときお》先生によると、母親が生涯わが子と一緒に過ごせる時間は約7年6か月、父親は約3年4か月といいます。

小学校高学年になると、塾に行く子どももいます。いざ通塾、まして中学受験をすることになれば、どうしたって親は必死にならざるをえません。だからこそ、小学校低学年までに、親子の信頼関係や愛着の土台を築きたいのです。

勉強を好きにさせるには、順番が大切です。いきなりドリルやワークをやらせてしまうと、親も子どもも「間違えたらダメ」という意識が働くので、緊張感もあり、楽

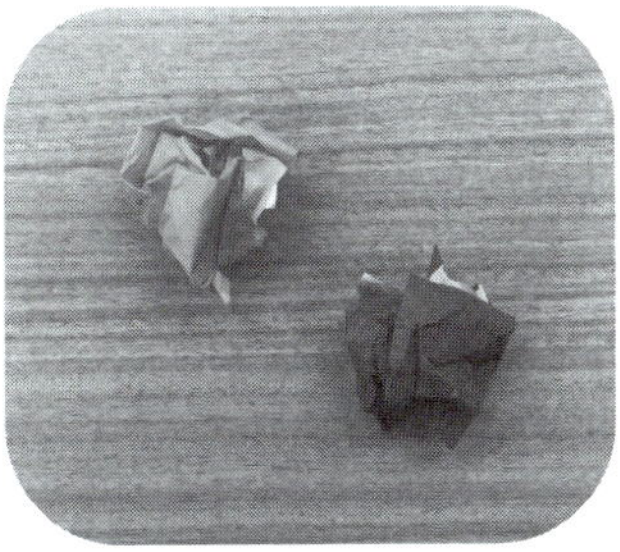

「どうしてぐしゃぐしゃにするの!」
と怒りたくなるが……。

〇〇ちゃんが作ってくれたから、
こんなに素敵なお花になったよ!

「きっちり折らないと、
三角にならないでしょ」と
やり直させる前に……。

〇〇くんのおかげで、
こんなにかわいいお魚ができたよ!
ありがとう!

動画で説明しています。
見てみてください!

しいとはなかなか思えません。

そこでまず、勉強につながる「あそび」から始めてはどうでしょうか。**親は勉強につながると満足できて、子どもは楽しいあそびと思えることが大切です。**

たとえば水族館に連れていくだけで、立派な理科の勉強になります。家族で「クラゲさん、すごいなー。ぴかぴか光ってたな」と楽しみながら、子どもにクラゲの絵を描かせてみる。一緒に絵を描きながら「クラゲの真ん中、どんな模様になってた？」などと聞いてみる。

これでもう、理科の勉強や生き物の観察になります。

親子あそびの良いところは、親が余計な力を入れず、ちょうどよく気を抜けるところです。子どもは、楽しそうな親と一緒にあそべることが嬉しいのですから。**もし、一緒にあそんでいて子どもが心から笑ったとしたら、親のあなたと一緒に楽しい時間を過ごしているからです。**

親子で楽しくあそぶ。それが勉強につながる内容になっていれば、一石二鳥です。子どもは、あそびながら数字の概念を覚えたり、生き物の知識を身につけたりできます。

その知識が小学校での勉強にも役に立つとわかれば「なーんだ。ただあそんでいたつもりだったけど、あれは勉強だったんだ。だったら勉強って楽しいじゃん」と、子どもたちも思うでしょう。

運動も同じです。いきなり近所の教室に入れる前に、まずは、誰も見ていない家の中で、親子で楽しく運動あそびをしてみる。**親が「すごいね、できたね」とほめてあげれば、子どもにとっては「できた」ということ。**比較されて落ち込むことなく、スモールステップで練習を積み重ねることができます。

そういう親子あそびから始めて、親子で楽しく取り組める関係をつくる。最初は、子どもをほめようと思っても、プライドが邪魔をしてなかなか言葉が出てこないかもしれません。あそびを通じて親のほうも成長します。親が「ぺたほめ」ができるようになってからドリルやワークをやらせれば、緊張感もなくなり、どんどんほめることができるでしょう。

勉強＝ドリル、というところから始めるから「勉強は、親が怒り出すもの」になってしまうのです。

親子あそびをするにも、子どもに「できた」と思わせることがとても重要です。そのためには、**いきなりＯＫの基準を上げすぎず、小さなステップにすること。そして「お母さん・お父さんと一緒にやったらできた」と思わせてあげることです。**

たとえばなわとびなら、いきなり「二重跳びができるようになる！」といったゴールを掲げてしまうと、あまりにも目標が遠く、がんばっても成果が出なそうで、やる気が出なくなってしまうのです。

まずはジャンプの練習をすることから始めるのです。子どもがジャンプする様子を見て「上手に跳ぶなあ。それだけ跳べたら、なわとびも跳べるよ」と、お母さん・お父さんが声をかけてあげる。

「お母さんたちが言うなら、本当に跳べるんだ」。そう信じられる関係をつくることが大切なのです。実際にはちゃんと跳べていなかったとしても、なわとびが楽しい記憶になり「またやりたい」「次もがんばろう」と思えるはず。

このようにあそびを通じて、がんばれる子ども、がんばることが大好きな子どもになっていきます。

９歳までは脳が飛躍的に成長する時期

3歳から9歳までの時期は、ぐっと脳が成長するタイミングです。**親子あそびは、親子関係の土台を固めるだけではなく、子どもの脳を伸ばすことにもつながります。**

脳の神経は生まれてから9歳ごろまでに著しく発達し、その後はほぼ横ばいといわれています。人が生まれてから20歳になるまでの過程で、身体や機能がどのように成長するのかをグラフで示したスキャモンの発育曲線によると、神経回路の9割が6～9歳までに、残りの1割は9～12歳にほぼ完成するのだそうです。

なかでも思考知覚・記憶などを司る大脳皮質、運動機能の調節などを司る小脳は、3～7歳で特に発達するとのこと。そして、大脳の柔らかさ（可《か》塑《そ》性《せい》）は年齢とともに低下していくといわれています。

つまり3～9歳は神経系の発達が著しい時期であり、かつ大脳が柔らかいため、脳

が飛躍的に発達する時期なのです。

この時期に、2歳ごろから芽生える好奇心を生かしてさまざまな経験をさせ、脳に刺激を与えることで、さまざまな力が育まれます。幼児～小学校低学年の今こそ、子どもの空間認識力や判断力につながる「理系脳」と、集中力や本番に強い力につながる「運動脳」を鍛える絶好のチャンスなのです。

●理系脳の例

問題解決力　論理的思考力　推理力　検証力　発想力

●運動脳の例

集中力　身体能力　忍耐力　協調する力　本番に強い力

「理系脳」と「運動脳」、どちらの土台にもなるのが、脳の柔軟性です。

日本の学校教育には、いまだ「正しい答えを、短時間で導き出すことが『頭が良い』ということ」という意識が強くあります。

しかし、その考えが行きすぎると、間違ったらダメだと過剰にプレッシャーを感じてしまったり、思い通りにいかなかったらすぐに心が折れたりする人間にもなりかねません。

「失敗しても大丈夫。別の方法でトライしてみよう」といった柔軟に考える力は、先の見えない時代に、仮説検証を行い、推理し、問題を解決していく理系脳に欠かせないのです。

まずは親が柔軟な考え方を持ち、**結果にこだわりすぎず、ちょっと怒りたくなるような状況もたくみにかわしながら、子どものがんばりを認めてあげる。**すると、たとえ失敗しても「もう一回やり方を変えてやってみよう」とがんばれる子どもになるのです。

また機敏に思考を切り替えながら体を動かし、さまざまな状況に対してフレキシブルに対応していく運動脳にも、脳の柔軟性は必要です。

指は「第二の脳」。使えば、脳の広い領域を刺激できる

手や指は、ものを掴んだり道具を操ったりと生活や勉強に欠かせないものです。幼いころから手のひらや指をたくさん使うことで、神経が発達し、繊細な動きができるようになっていくと言われますが、**実は、手指をたくさん使うことの良い点は、手先が器用になることだけではありません。脳の発達にも影響するのです。**

手や指の神経は、大脳と密接につながっているといいます。つまり、手指をたくさん使うことで、言語力や思考力、運動能力などをつかさどる大脳に影響を与え、活性化することができるそうなのです。

だから**医師たちの間では指は「第二の脳」と呼ばれているそうです。**

手を訓練することは、脳を訓練するのと同じ。ドイツの哲学者・カントはこれを「手は外部の脳」（手は、体の外に出た脳であるということ）と表現しています。

考えてみれば、高齢者施設では、折り紙あそびがよく取り入れられています。認知症予防のためでしょう。

高齢者の脳トレにもなるのですから、育ち盛りの脳を持つ子どもたちにとっても、折り紙は脳トレに最適ということです。

私も子どもたちと、折り紙をたくさん折りました。幼稚園で手裏剣ブームが起こり、子どもたちにせがまれて手裏剣を100個以上折ったときはさすがに疲れましたが……。

折り紙の他にも、指や手のひらを使うあそびはたくさんあります。たとえば砂あそびでは、乾いた砂のさらさらした触感、水を含んだ砂のどろどろした触感など、指を通じていろいろな感覚を味わいながら、作業することができます。

さらに砂をすくったり、強く握って固めたりと、手のひらを使っていろいろな動きをします。加えて、目の前にないものを思い浮かべながら、砂を使って表現しなくてはいけません。さまざまなものの特徴を記憶する力、想像力や創造性が求められるのです。こうしたあそびを通じて、脳の中の広い領域を刺激することが期待できます。

もともと理論を知っていたわけではないのですが、思えば私は、息子たちが小さいころから工作やお絵描き、ねんどあそび、砂あそびといった、指先を使うあそびをたくさんさせてきました。

今考えれば、脳の発達が著しい時期に、指先を使って脳を活性化させるという理論に則《のっと》っていたことになります。

親子で楽しくあそびながら、親子の信頼の土台をつくり、「やればできる」という自己肯定感を育みながらも、脳を鍛えてさまざまな力を身につけることができる。それが親子あそびです。

2章では理系脳を育てる親子あそび、3章では運動脳を育てる親子あそびについてそれぞれ詳しく紹介します。どちらの章でも、はじめに指先を使うあそびを紹介しています。また他のあそびにも、工作の要素を取り入れるなどして、できるだけ指先を刺激するような工夫をしています。

1から41まで、順番にすべてをやる必要はありません。**大事なのは親自身が楽しめるあそびから取り組むことです。**お母さん・お父さんが楽しそうな表情であそんでいたら、子どもも楽しく取り組めます。いきなり難易度の高いものからチャレンジすると、親もつらく、子どももやりたくない、という負のスパイラルに陥ってしまいます。

これならできそうだな。楽しそうだな。やってみたい。そんなあそびを見つけたら、お母さん・お父さんからお子さんに「これ、あそんでみたいなー。一緒にやってみない？」と誘ってみてください。1つだけでもできたら十分、という気持ちでおおらかにやりましょう。

あそんでいる最中、お子さんの表情をぜひ見てみてください。

笑っていますか？　楽しそうですか？

子どもが楽しそうなら、それは「勉強好き」「運動好き」になる一歩目を踏み出したということです。おめでとうございます！　ぜひその調子で、楽しく取り組んでみてください。

9歳になるまでに身につけさせたい力

運動脳

- 集中力
- 身体能力
- 忍耐力
- 協調する力
- 本番に強い力

理系脳

- 問題解決力
- 論理的思考力
- 推理力
- 検証力
- 発想力

脳の広い領域を活性化させる

指や手のひらを使ったあそび

- お絵描き
- 工作
- 折り紙
- ねんど・砂

脳の成長が著しい3～9歳のあそびに積極的に取り入れることで、脳のさまざまな機能の発達が期待できる。

第2章

「理系脳」を育てる親子あそび

柔軟な発想力を育てることが、理系脳を鍛えるカギに

理系脳というと、世間でいうところの「左脳」――数理的・論理的思考力のイメージがあるのではないでしょうか。しかし、**通称「右脳」と呼ばれる領域――イメージの記憶やひらめき、感性、図形・空間の認識といった力も、理系人材には非常に重要なのです。**

たとえば、難解な医学部受験の数学では、計算力や数理的能力、論理力だけでは問題は解けません。知識の貯蔵庫のなかから瞬時にどれを使うか判断し、組み合わせる発想力も必要になります。

日本の学校教育は、近年変わりつつあるものの、論理的思考力のみを重視する傾向があります。しかしこれからの時代に求められているのは、問題を発見し、多角的な視点から分析し、解決していく力です。

だからこそ、**「論理的思考力」だけでなく「推理力」「検証力」「問題解決力」や、柔軟な「発想力」についてもバランスよく鍛えたいものです。**

前述のとおり柔軟な発想力は、9歳までの時期に大きく育ちます。特にあそびを通

じて、五感への刺激や働きかけをすることによって、発想力やひらめき力、感性、イメージする力が発達するといいます。

そこで2章では、発想力も備えた「理系脳」を育てるために

1：指先を使う
2：工作や絵を描く要素を取り入れる
3：料理などを通じて、味覚や嗅覚、触覚も刺激する
4：図形・空間の認識につながる立体を使う
5：自然や季節を感じられる外あそびを行う

といった点を重視して盛り込んだ、22の親子あそびを紹介します。

ポイントは、科学や算数などの理論を教える前に、子どもの好きなごっこあそびや水あそびなどの形で、楽しく理科や算数の世界に触れることです。何か教えてあげないと、と気構えず、親子であそべて脳のトレーニングにもなるなんておトク！　というイメージで、力を抜いて楽しんでみてください。

親子あそび　3つのポイント

ポイント1　ステップ通りにできなくてもOK！

あそびの手順通りにできなくてもいいんです。「やってみようと思って材料を用意した」「ちょっとだけ手をつけてみた」程度で子どもも自分もほめる。それくらいの軽い気持ちでいましょう。

ポイント2　親が楽しめそうなものからやってみる

ぱらぱらとページをめくってみて、まずはお母さん・お父さん自身が楽しんでできそうなものを選んでみましょう。

ポイント3　親子あそびができたら「ぺたほめ」を

親子あそびをがんばったあとは「ぺたほめ」のチャンス！　ほめやすい環境をつくるポイントやあそびのコツは「ぺたほめポイント」のコーナーを参考にしてみてくだ

さい。

記録に残らないあそびの場合は、あそんでいる瞬間の写真を撮って「ぺたほめ」を。「上手にできたね！」などとコメントを書いて貼ってあげると、子どもも喜びます。

また、**貼れないがんばりは、シールで見える化しましょう**。画用紙などで台紙を作って、好きなシールを貼り「ぺたほめ」するのです。シールを貼るのは「できた」あとではなく、子どもが「がんばった」と思ったタイミングです。子どもがシールを貼ったら「すごいね。できたね」とすかさずほめてあげてくださいね。

私の講座では、このような「ぺたほめシート」を使ってシールを貼っていきます。

●注意●　危ない道具や材料を使うとき、危険をともなう作業のときは、親が十分に注意して行ってください。

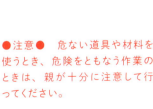

折ってあそぼ

折る動きは、子どもの脳の発達を促す。指先を使うあそびを通じて、文字を書くなどの学習活動もスムーズに！

理科　算数

あそび 1

折り紙

まずは指先を使って、脳を活性化しよう

おすすめ年齢
3～9歳

難易度
★☆☆☆☆

指を動かし、手順を確認しながら折ることは、脳への刺激につながります。作品を完成させるための集中力ややりとげる力、「この角を折ったらどんな形になるかな？」と想像する力など、さまざまな力が身につくあそびです。

ぺたほめポイント

折り目をつけて難易度ダウン！

折る動きは、小さな子どもには難しいもの。やる気をなくさないために、折り紙の難易度を下げるよう工夫しましょう。折り目をつけた折り紙なら、子どもでも折りやすく「できた」感覚を味わいやすいはず！

1

幼児や、折り紙が苦手な子の場合
親が一度作品を折り、紙を開く。

なかなか1人で折り紙を折れない場合は、まず、子どもが作りたいものを聞いて、親が折って一度作品を完成させます。完成品を開いて正方形の紙の状態に戻すと、折り目がついた折り紙に！

ぺたほめポイント

きれいに折れなくても怒らない！

「うちの子は手先が不器用で」と言う親御さんもいますが、最初から上手に折れる子はいません。ぐちゃぐちゃでも親が「できた」と言えば、子どもはできたと思えるもの。怒って子どものやる気を折らないで〜！

2

1で開いた折り紙を使って子どもが折ってみる。

すでに折り目がついているので、子どもでも折りやすくなっています。本などで「折り方」の手順を見ながら折るのは難しくても、折り目のついた折り紙を使って折っていくと、折り紙のやり方がだんだんと理解できるようになります。

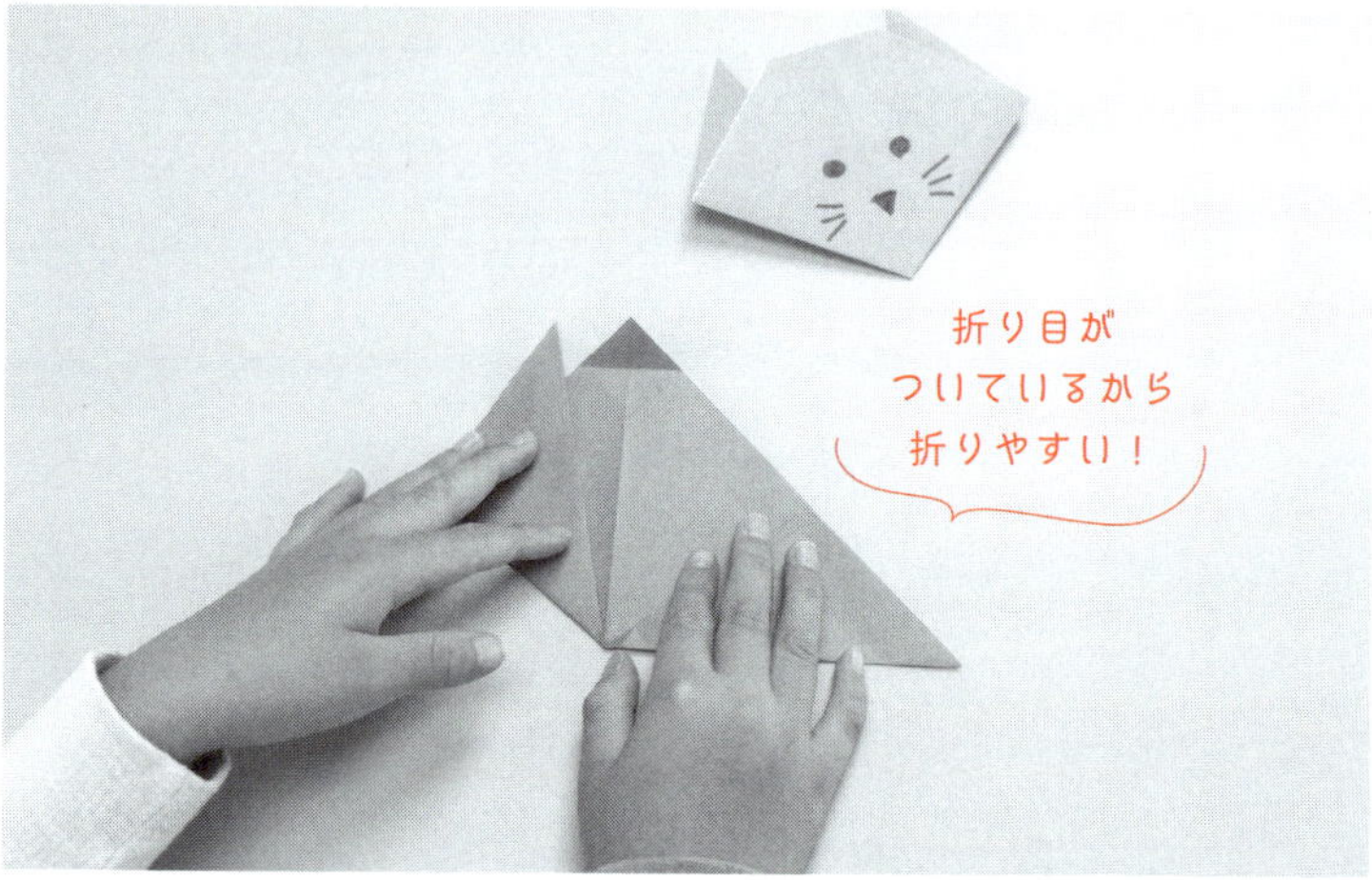

3

「うちの子は苦手?」と思ったら親子で一緒に折ってみる。

子どもが難しいと感じているときは、親が後ろから子どもに手をそえて、一緒に折ってあげましょう。一部分だけでも子どもが折ることができたら「〇〇くん、上手に折れたね！」とほめてあげましょう。折れた〝気分〟になるだけでもいいんです！

もっとできそうなら

折ったものを画用紙に貼り、花を折ったら葉っぱや茎を絵で描くなど、お絵描きと組み合わせてオリジナルの作品を作りましょう。(25ページ参照)作品はぜひ壁に貼ってぺたほめを！

算数

あそび 2

サイコロづくり

いろんな形から立方体ができることを学ばせる

おすすめ年齢

4～9歳

難易度

★★☆☆☆

展開図からサイコロを作りましょう。展開図は中学受験でも出題される分野ですが、いきなりペーパー問題を解いてもイメージがつかめない子どもが多いでしょう。サイコロを自分で組み立ててあそんでみると、少しずつ理解できるようになります。

1

工作用紙に いろいろな展開図を描く。

親が厚紙や工作用紙に、いろいろな種類の展開図を描いてあげましょう。サイコロの展開図は11種類あります。お子さんが小学生なら一緒に考えてみてもいいですね。

ぺたほめポイント

理論はあとで。まずは楽しく工作！

いきなり展開図のワークをやらせたり、抜けている数字を入れさせたりと、理論から教えようとすると、苦手意識を植え付けることに。まずはサイコロの工作を、親子で楽しみながらやってみましょう。

2

展開図を切り抜き、組み立て1～6の数字を●で描く。

展開図を切り抜き、サイコロの形に組み立てたら、1～6の数字を●で表します。最初は自由に描けばよいのですが、慣れたら、表と裏の面を足すと7になることを教えてみてもいいですね。2つサイコロを作れば、足し算あそびもできますよ。

色であそぼ

あそびを通じて多くの色に触れることで、色彩感覚が豊かに。色を混ぜると別の色になる、色のふしぎに注目!

理科

あそび 3

いつも見ている世界の色が変わる?

セロハンめがね

おすすめ年齢

3～6歳

難易度

★☆☆☆☆

赤色のセロハンめがねで青色のものを見たら、何色に見えるかな?
セロハンと同じ色の文字や絵を見てみたら、文字や絵が消える?
のぞいて楽しいセロハンめがね。色のふしぎを体感しながらあそべます。

ぺたほめポイント

セロハンめがねのアレンジは無限大！

フレームや、真ん中のレンズの形を工夫してみましょう。星が好きなら「星形の虫めがねにしたらかっこいいかな～」など、声かけしながら柔軟にアレンジしてみてください。発想力や創造力を伸ばすチャンス！

1

厚紙やお菓子の箱などを使ってフレームを作る。

厚紙に、めがねのフレームの形を下書きします。厚紙を2枚重ねた状態で、下書きにそって切ってください。フレームが2枚できます。セロハンのレンズが入る真ん中の部分は、親がカッターナイフで切り抜きましょう。

2

レンズにはさんで
セロハンめがねを完成させる。

切り抜いたレンズよりひと回り大きいサイズに、好きな色のカラーセロハンを切り抜きます。2枚の厚紙にセロハンをはさみましょう。セロハンがフレームからはみ出したら、カットして。フレームの周りをテープでとめます。

ぺたほめポイント

持ち運んでお散歩のアイテムに

お散歩にセロハンめがねを持っていけば、いつもの道が違う世界に見えるかも？　外で見る際は、交通や足元の様子に大人が気遣いを！探偵気分でいろいろな色の観察ができます。

3

セロハンめがねで いろいろなものを見てみよう。

セロハンめがねで、家の中のいろいろなものを見てみましょう。いつもとはどんなふうにちがって見えるかな？　親子でちがう色のセロハンめがねを持って観察し、それぞれの発見を言い合うのも楽しいですよ。

理科

あそび 4

使えなくなったクレヨンが生まれ変わる！

マーブルクレヨン

おすすめ年齢
3～6歳

難易度
★★☆☆☆

折れたり短くなったりしたクレヨンを使って、マーブルクレヨンを作りましょう。きれいに見える色の組み合わせは？　2つの色を混ぜて別の色を作れる？　色の混ざり具合などを観察しながら、いろいろ試してみましょう。

1

クレヨンを砕いて型に入れる。

クレヨンを砕き、シリコン製の型やカップ（電子レンジ使用可のもの）に入れます。細かく砕けば温める時間の短縮に。

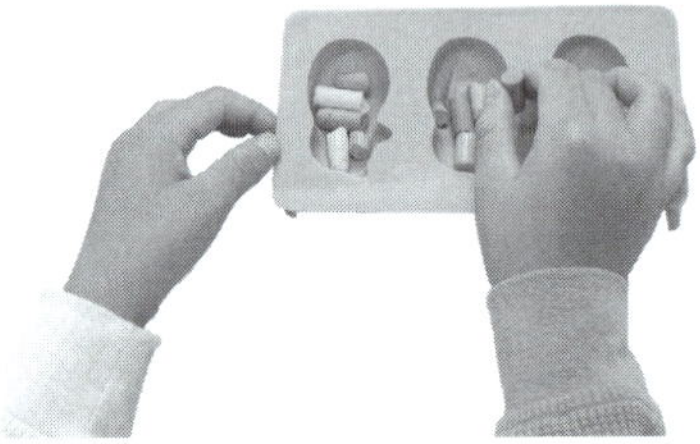

ぺたほめポイント

色数をしぼってきれいな色に

色数は3色程度にしぼると、きれいなマーブル模様になりやすいです。子どもは茶や黒を入れたがりがちですが、きれいな色になりにくいので、あらかじめそれらの色を抜いておくとガッカリやイライラを防げます。

2

電子レンジで加熱し、冷やす。固まったらお絵描きしてみて！

電子レンジ（600W）で5～7分温めます。容器のサイズやクレヨンの砕き方によって温める時間が変わるので、少しずつ加熱して溶かしてください。よく冷やして（持つときは熱いので、やけどに注意。冷蔵庫で冷やしてもOK）固まったら型から取り出します。

もっとできそうなら

色を混ぜるあそびは他にもたくさん。コップの水に絵の具を溶かせば、ジュース屋さんごっこができます。赤と青を混ぜたら、ぶどうジュースのできあがり～！

理科

あそび 5

水性ペンの色が分かれて、ふしぎな模様に！

カラフルフラワー

コーヒーフィルターを使って、水性ペンに含まれているインクの色素を分離してみましょう。「ペーパークロマトグラフィー」という原理を使ったあそびです。印のつけ方によって、お花のようなきれいな模様ができますよ！

おすすめ年齢
5～9歳

難易度
★★★☆☆

1

フィルターに
ペンで印をつける。

コーヒーフィルター（白色のもの）の内側に、水性ペンで丸や線などの印をつけます。

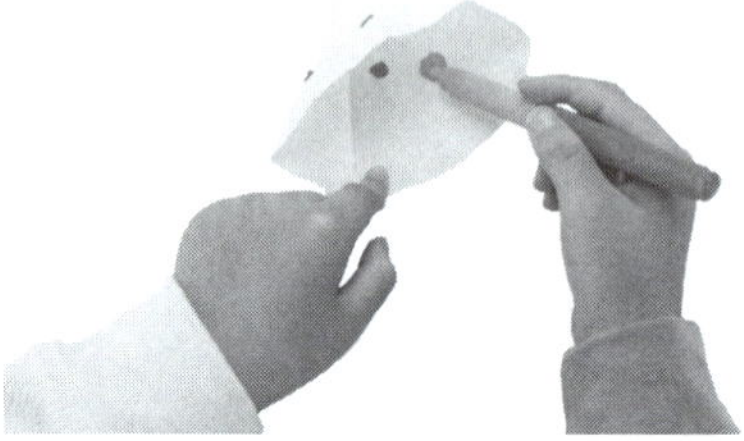

ぺたほめポイント

画用紙に貼ればお花畑に！

フィルターを乾かしたあと、開いて中心をリボンで結べばチョウになります。くるくる丸めるとお花になって、さらに折り紙で茎や葉をつければ、立派な作品ができあがります！　いろいろな色で試してみて。

2

フィルターの頂点をぬらす。じわじわ色が広がり分離する！

コップに、フィルターの頂点がつかるくらいの水を入れ、フィルターを入れます。全体がぬれたら、取り出して乾かしましょう。緑のインクが黄色と青に分離するなど、いくつかの色が混じって水性ペンの色ができているとわかります。

じわーっと
色が広がる！

光であそぼ

小学校の理科では「光の性質」を学ぶ。あそびのなかで光とかげの性質に注目できると学習にもつながる。

理科

あそび 6

「かげ」に興味を持つきっかけになる

かげふみ

おすすめ年齢
3～9歳

難易度
★☆☆☆☆

あそび方は鬼ごっこと同じ。相手のかげを踏むことで、鬼を交代していきます。
天気や時間帯によって、かげの長さや見え方が変わるのがポイント。
かげの持つ特性に注目させながら、あそんでみてください。

ぺたほめポイント

太陽の位置とかげの向きに注目！

あそびながら、太陽の位置とかげの向きの関係を観察してみましょう。かげができるしくみを利用して、自分のかげをうまく動かしたり、相手のかげが動く方向を予想したりできたら「すごい！」とほめてあげて。

1

鬼を1人決める。鬼以外は逃げる。

「スタート！」のかけ声で、鬼以外はいっせいに逃げましょう。

2

鬼にかげを踏まれたら、交代！

逃げた人のかげを踏んだら、鬼の勝ち！　かげを踏まれた人が次の鬼になります。「しゃがむとかげが小さくなるよ！」など、声かけをしながら、かげのでき方を楽しみましょう。

理科

あそび

7

おひさま時計

かげの位置でおよその時間がわかる

かげの長さや向きは時刻によって変わります。ということは、かげの動きで時刻がわかるはず。簡単なおひさま時計を作って確かめてみましょう。親子で一緒に作ると、方角の意味や読み方も覚えられます。

おすすめ年齢

5～9歳

難易度

★★★☆☆

1

空き箱に方角を書き棒を立てる。

空き箱に十字を書き、東西南北をそれぞれ書き入れます。短い鉛筆や割り箸を棒として、十字の中心につきさしてテープを貼り付けます。

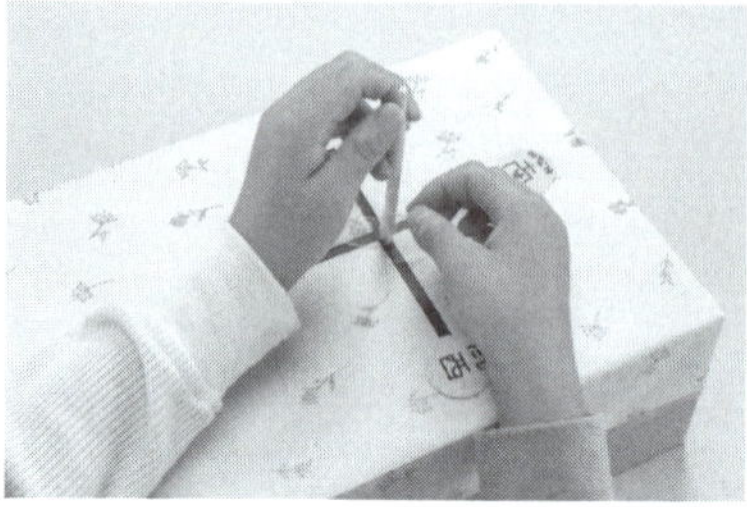

ぺたほめポイント

時計のデザインも工夫してみて

空き箱や段ボールに棒を立てるだけで日時計はできますが、かげと時間を記録するときにビーズや小さなおもちゃを置いたり、小さなイラストを描いたりしてオリジナルの時計にデザインすると工作も楽しめます。

2

北の向きを合わせて設置し かげと時刻を記録する。

方位磁石やスマホのコンパスアプリを使い、北の向きを合わせて屋外に設置します。朝、昼、夕と時刻を変えてかげをなぞり、時刻を記録して「かげの長さはどう変わった?」「かげの動く角度がちがうね!」など、気づかせる声かけをしてみてください。

もっとできそうなら

1時間ごとにかげの位置と時刻を記録すると、より本格的な日時計に。また夏と冬ではかげの長さが変わります。季節を変えて作ってみるのもおすすめですよ。

理科

あそび

8

日光をものに当てると、どうなる？

虫めがねで光あつめ

おすすめ年齢
3～6歳

難易度
★☆☆☆☆

虫めがねを使うと、日光を小さい場所に集めることができます。日光を集めると高温になること、色によって熱が伝わる速さが違うことがわかるあそびです。

1

白い紙にいろいろな色の丸を描く。

白い画用紙に、いろいろな色のクレヨンで500円玉くらいの丸を描いて中を塗りつぶします。1つは黒色で描いてみてください。5色以上描くと比べるのが楽しめます。

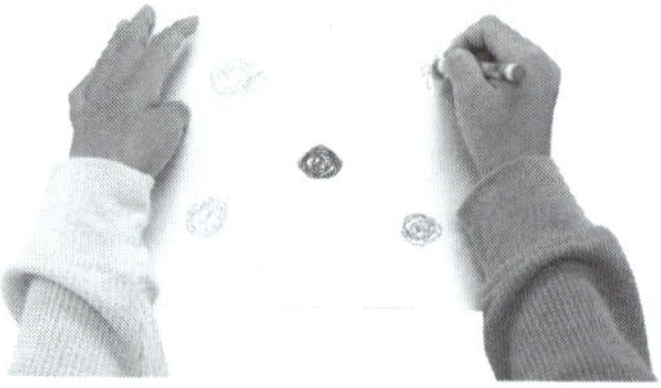

黒以外は
好きな色で！

●注意●　虫めがねで太陽を直接見ると、失明の恐れがあります。絶対に太陽を見ないよう、あそぶ前に教えてあげてください。特に小さなお子さんのときには、親が手をそえるなど、気をつけてあそんでください。

ぺたほめポイント

いろいろな色の丸で挑戦！

黒が燃えやすいということを知っているかもしれませんが、他にもいろんな色の丸を用意し、どの順番でけむりが出るか親子で予想し合うと楽しいです。危ないので必ず親子であそびましょう。

2

虫めがねで丸に光を当てて こげるまでの時間をはかる。

丸の1つずつに虫めがねで光を当てていきます。時間をはかり、けむりが出るまでのタイムを記録しましょう。どの色が一番早くけむりが出るかな？　紙が燃えると危険なので、まわりに燃えるものがないところで、注意しながらあそびましょう。

もっとできそうなら

クレヨンでお描きした絵を使ってもあそべます。たとえば火山の絵を描いて、山の上の部分を黒く塗り、光を集めれば「けむりが出てる～！」と盛り上がるかも。

水であそぼ

温めたり冷やしたり、他のものを混ぜたりすると形が変わる、水のふしぎ。水あそびは理科への入り口！

理科

あそび 9

輪っかやシャボン玉液を作るところから

シャボン玉

材料を工夫すると、割れにくいシャボン玉を作ることができます。またシャボン玉を飛ばすための輪っかをいろんな形に作ったり、大きくしたりすることも。さまざまな種類のシャボン玉ができるとわくわく！　割れずに飛ばせるかな？

おすすめ年齢
3～6歳

難易度
★★★☆☆

ぺたほめポイント

割れにくくするよう材料を工夫

シャボン玉がすぐに割れてしまうと、子どもたちの気分も下がりがちに。洗濯のりや砂糖（はちみつ）などを入れると、強度が増して割れにくくなります。

1

割れないシャボン玉液を浅めの容器に作る。

割れにくいシャボン玉を作るには、まず水100mLに砂糖(はちみつ)5g、洗濯のり10mLを、順番に容器に入れます。砂糖はしっかり溶かすのがコツ。最後に台所用洗剤(界面活性剤入り)50mLを入れて混ぜましょう。

●注意●　手作りのシャボン玉は界面活性剤が含まれているのでストローを使用したり、誤飲しないよう注意してください。

2

針金やハンガーを使って輪っかを作る。

シャボン玉を飛ばすための輪っかを作ります。大きなシャボン玉を作りたいときは針金をまげて、いろんな形に。針金は100円ショップで売っています。針金ハンガーを変形させて使うこともできます。小さめならアルミホイルでも作れます。

大きい輪っかを作ってみよう！

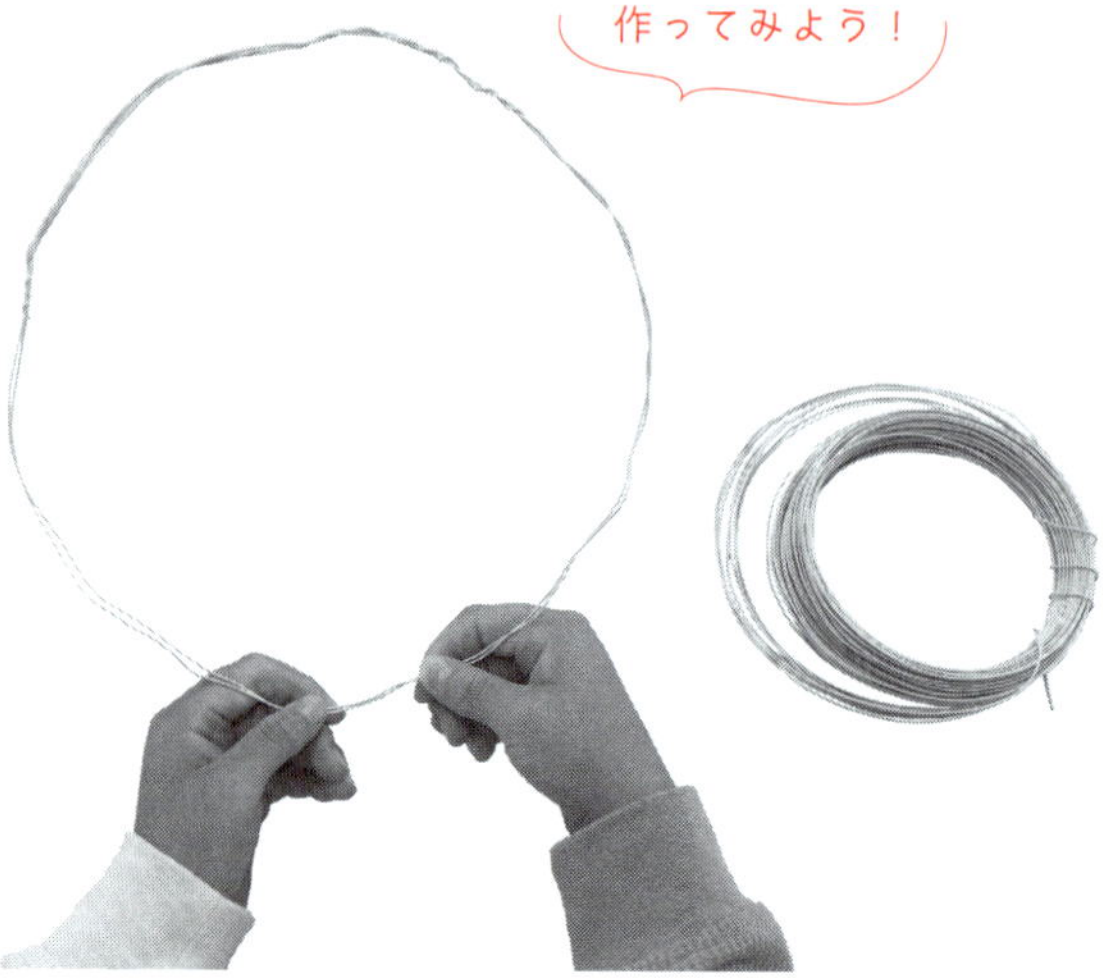

ぺたほめポイント

汚れてもいい場所・服でやる

シャボン玉液の分量は調整して、割れない最強のシャボン玉液の配分を研究してみてください。シャボン玉液があちこちにつくので、親がイライラしないように汚れてもいい場所や服であそんでくださいね！

3

容器に輪っかを浸したら ゆっくり輪っかを動かす。

容器に輪っかを浸して、シャボン玉を作りましょう。大きな輪っかの場合は、深めの容器に浸してみてください。ゆっくり輪っかを動かし、手首をくるっと返すとシャボン玉から輪っかが離れます。

理科

あそび

10

片栗粉スライム

「むにゅ」と「ドロドロ」のふしぎな感触

おすすめ年齢

3～6歳

難易度

★★★★☆

普通のスライムは洗濯のりなどで作れますが、片栗粉スライムならもっと手軽に試せます。容器の中では硬いけれど、手ですくってみるとドロドロと流れるようなふしぎな感覚が味わえます。

1

片栗粉に食紅を少量入れる。

片栗粉100gをボウルに入れて、食紅を少量加えます。

ぺたほめポイント

うまくいかなくても大丈夫

水を多く入れすぎてうまくいかなかった場合も「やり直そう！」と明るく切り替えましょう。失敗して親が不機嫌になると、子どももやる気がなくなります。「まあ、いっか。もう一回やろう！」とどっしり構えて。

2

少量ずつ水を入れる。一度に入れないように注意！

水を少しずつ加えながら、かき混ぜていきましょう。水の量は50～100mLが目安。混ぜ始めはボソボソとしてうまく混ざらないので、手でかき混ぜて。食紅の量が多すぎると、手に色がつくので注意。

3

好みの感触になったら できあがり！

全体が均一に混ざり合ったら手で感触を確かめて。ボウルの中でつかむと「むにゅっ」としたふしぎな感触があるけれど、持ち上げるとドロドロと流れ落ちるような状態になればスライムの完成です。好みの感触になるように調整してみてください。

ぺたほめポイント

怒る原因になるものを取り除こう

水や粉をこぼすおそれがあるので、机の上や下にレジャーシートを敷いておきましょう。また、やるときは汚れてもよい服で。親がイライラする原因になるものは、あらかじめ取り除いておくことが大切！

上からぎゅっと押さえつけたり、スプーンや割り箸で垂らしてみたりして、遊んでみましょう。食紅を使えば万が一口に入っても安心ですが、絵の具を使って着色することも。ジッパー付きの袋に入れれば、テーブルの上でも楽しめますよ！

もっとできそうなら

重そう、クエン酸、片栗粉を2:1:1の割合で混ぜ、少しずつ水を加えて丸めるとバスボムができます。型に詰めたり、アロマオイルで香りづけしたりしても楽しめますよ。

理科

あそび

11

お風呂でおもちゃ氷

お風呂あそびに氷を取り入れる

おすすめ年齢

3～5歳

難易度

★☆☆☆☆

おもちゃ入りの氷を作って、お風呂で溶かせば「氷からおもちゃが出てきた～！」と子どもたちも大喜び。凍ったり、溶けたりと、水がさまざまな形に変化する様子を観察しながらあそびましょう。

1

製氷皿におもちゃ、水を入れる。

製氷皿や卵パックにおもちゃやブロックなどと、水を入れます。ひとマスに入るくらいの小さなおもちゃやブロックを使用してください。

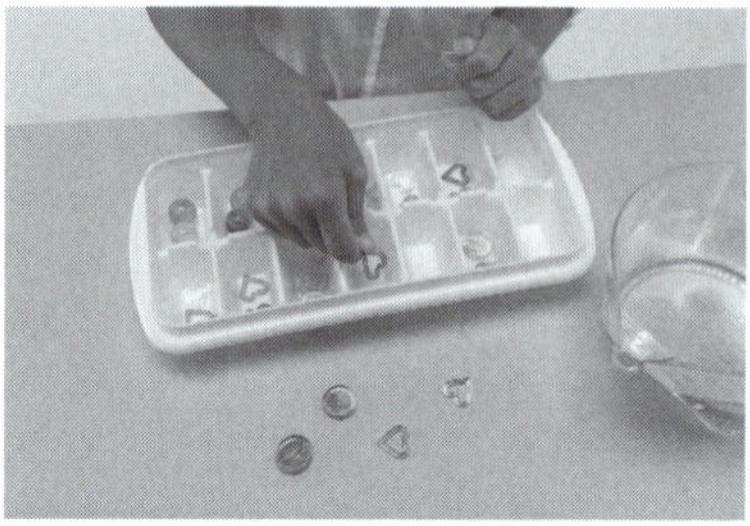

ぺたほめポイント

お風呂であそべばストレスなし！

氷を使ったあそびはリビングなどですするとあちこち水がこぼれてしまうので、親のストレスに……。お風呂なら気にせずに、親子で楽しくあそべます。「何秒で溶けるかな?」と、溶けるまで数えても楽しい！

2

冷凍庫で凍らせたら おもちゃ入り氷のできあがり！

できたおもちゃ入り氷を、お風呂やぬるま湯の中に入れて氷を溶かしてみましょう。溶けたら「おもちゃが出てきた～！」と盛り上がります。氷ならつかめるけれど、溶けるとつかめない、など水の性質のふしぎを楽しみながらあそんでみて。

季節であそぼ

花や葉っぱを使って、その季節らしさを感じられるあそびを。季節感を身につけ、感情や情緒を育む。

理科

あそび

12

花冠づくり

野花でかわいい花冠を。花集めも楽しい！

おすすめ年齢

4～9歳

難易度

★★★★☆

シロツメクサなどを使って花冠を作ってみましょう。野花を摘んでも問題ない場所で、自分たちで摘んだお花で作るのも良い経験になります。茎の細い他の花でも作れるので、作り方を覚えましょう。

ぺたほめポイント

一緒にお花摘みも楽しい！

都市部だと最近なかなか花に触れる機会もないので、摘むところから一緒にやってみましょう！　子どもは短く摘みがちなので、できるだけ茎を長くとったほうが編み込みやすいと教えてください。

1

2本をクロスして ぐるんと巻きつける。

シロツメクサなどを2本使って十字の形にします。縦の茎に、横の茎をぐるんと巻きつけ、縦の茎の上に持ってきます。この2本の茎が、花冠の芯になります。

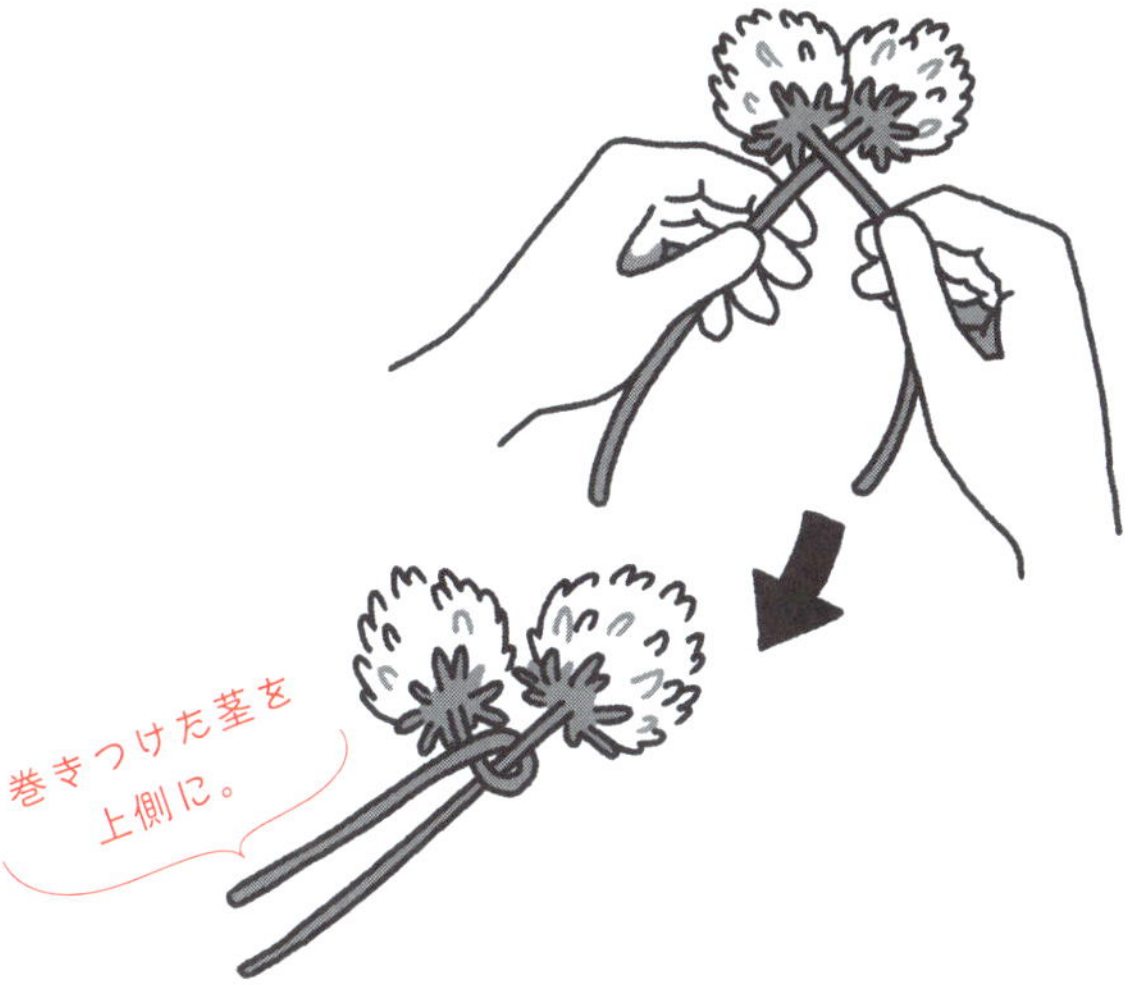

2

3本目の茎を横向きに置いて再びぐるんと巻いていく。

花冠の芯の2本に対してクロスするように、3本目のシロツメクサを置きます。1で行ったのと同じように、茎を1周するようにぐるんと3本目のシロツメクサを巻き、上にきた茎は芯に加えます。

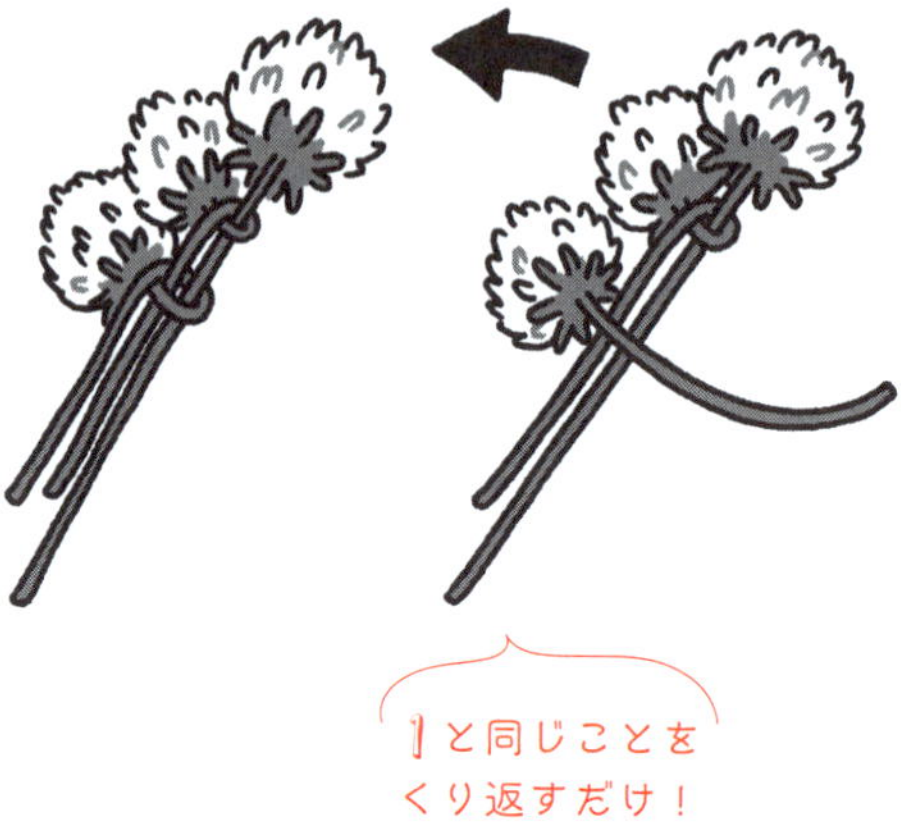

ぺたほめポイント

他の花でいろいろアレンジ！

タンポポやレンゲソウなど、茎の細い花なら同じ編み方をすることができます。いろんな花でアレンジしてみて。冠を作るのが大変なら、短く編んでストラップのような形にしてもかわいいです！

3

好みの長さまで編みこんだら輪にしてとめる。

あとは2と同じように、シロツメクサをクロスして置き、巻きつけて茎を芯に加える工程を繰り返していきます。好みの長さになったら編み始めとおわりを重ね、別の細い草などでしばって輪っかにします。あまった茎をちぎって整えればできあがり。

理科

あそび 13

お花でお絵描き

草花から抽出した、やわらかい色を使う

おすすめ年齢
3～9歳

難易度
★★★☆☆

いろいろな色の花や葉っぱで色水を作れば、絵の具のように色を塗ることができます。花や葉によって色の出るものと、出ないものがあるのも楽しいです。「どのお花なら色が出るかな？」と実験気分であそんでみてくださいね。

1

花や葉っぱをすりつぶす。

集めた花や葉っぱを、すりこぎですりつぶします。すりこぎがなければ、ビニール袋の中で強めにもみましょう。ここでは赤ジソを使っています。

色が
出るかな？

ぺたほめポイント

色が出やすい花や野菜を使う

赤や濃いピンク、紫などのチューリップ、アサガオの花は色が濃く出やすいのでおすすめです。ニンジン、紫キャベツなど色の濃い野菜をすりおろしても、色水が作れます。

2

水を垂らして色を出す。作った色水でお絵描きも!

すりつぶした花や葉っぱに、スポイトなどで水を少しずつ垂らします。色が出るかをチェックしながら水を足してみて。色が出てきたら色水のできあがり！　筆で取って、画用紙に描いた絵に色を塗ることもできます。植物のあわい色がかわいいです！

もっとできそうなら

チューリップを育てて、観察しながら絵を描いてみましょう。花びらをすって花びらの部分は花びらの色水で塗り、葉っぱの部分は葉っぱで着色すると、植物の構造の勉強にもなります。

理科

あそび 14

レンジで押し花

季節の花を押し花に加工する

おすすめ年齢
5～9歳

難易度
★★★☆☆

押し花というと、本に花をはさんで数日置く……というやり方を想像する人が多いかもしれませんが、電子レンジを使って簡単に作ることができます。この方法なら色が落ちず、鮮やかな色合いの押し花を作ることができますよ！

1

段ボールの上にペーパーを敷く。

電子レンジに入る大きさの段ボールを2枚用意します。段ボールの上にそれぞれキッチンペーパーを敷きます。

ぺたほめポイント

押し花に向いている花を選ぼう

押し花には、サクラやパンジー、アジサイ、アサガオなど厚みが少なく、茎が細く、水分が少ない植物が向いています。花びらの多いバラなどは、花びらを分解して1枚1枚押し花にするのがおすすめ。

2

押し花にしたい花を
ティッシュの上に並べる。

キッチンペーパーの上にティッシュを置き、その上に押し花にしたい花を並べます。花同士が重ならないように注意。また、あまりたくさん置きすぎると加熱がうまくいかない場合があります。

1本ずつ
並べるよ！

3

段ボールではさみ、固定し
電子レンジで加熱する。

花の位置がずれないようにティッシュを閉じ、段ボールではさみ、下の写真のように輪ゴムで固定。電子レンジ(500W)で40秒~1分程度加熱します。長く加熱しすぎると花が焦げる場合があるので初めは少ない時間で、10秒ずつ足して様子を見ながら作りましょう。段ボールが熱くなるので、ミトンで取り出して。

ぺたほめポイント

押し花グッズにしてプレゼント！

花の色が鮮やかに残るので、押し花グッズを作るのもおすすめです！ラミネートしてしおりにしたり、ペンスタンドなどに押し花を貼り付けて飾ったり。祖父母へ敬老の日のプレゼントにも！

4

冷まして乾燥させたら押し花の完成！

触れるくらいに段ボールが冷めたら、輪ゴムを外して重ねていた段ボールとキッチンペーパー、ティッシュをゆっくりはがし、押し花を取り出して乾燥させます。画用紙に貼ったり、100円ショップで売っている額に入れて飾ってもかわいいです！

押し花が
あっという間に
できた！

見てあそぼ

目で見て、観察するあそび。イメージすることによる想像力、写生によって変化や特徴をとらえる観察力を養う。

理科

あそび 15

野菜栽培

自分で作った野菜を食べられるのが嬉しい

おすすめ年齢

3～9歳

難易度

★★★★★

自分で作った野菜を料理して食べるのは、格別の体験！　余った野菜やへたを水に浸したり土に埋めたりする再生栽培にトライしてみましょう。プランターを使って、種から野菜を作るのも意外と簡単ですよ！

1 豆苗の場合

カットした豆苗の根元と水を容器に入れる。

再生栽培をするときは、豆苗を根元ギリギリで切らず、種から少し上で切ってください。深めの容器に、豆苗の根っこと水を入れます。2Lのペットボトルの中央を切り抜けば、手軽に豆苗を育てられますよ！

ぺたほめポイント

身近な野菜をいろいろ育ててみて！

キュウリ、ナス、トマト、ホウレンソウ、インゲンなどいろいろな種類の野菜を育てました。中学受験の理科で葉の形や育ち方を問われたときも「知ってる！」と、理解が深まり、お得です！

2 豆苗の場合

毎朝晩、水をかえて育てる。7～10日ほどで収穫できる！

水を朝晩1回ずつかえながら、日当たりの良い部屋に置いておきましょう。にょきにょき生えて、7～10日ほどで収穫できるように。再生栽培した豆苗は、雑菌が増えているおそれがあります。生のまま食べず、必ず加熱して食べるようにしましょう。

ダイコンなどの根っこでも葉っぱが生えてくるよ～！

もっとできそうなら

家庭菜園用のキットは、たくさん売られています。袋で育てるキットなら、プランター不要で手軽にできますよ。バケツなどで稲を育ててお米をつくるのも楽しいです！

column

あそびのヒント

イチゴ狩りやお芋掘りなど、季節を感じる体験に出かけよう！

自分で収穫した野菜を自分で料理して食べてみる

季節の味覚狩りに行くと、普段スーパーで見る野菜や果物がどのようにできているのか、ひと目でわかります。「イチゴの花は白いんだ！」「お芋って土の中に埋まっているの？」と、子どもにとっては発見の連続です。自分で収穫してきた野菜を、自分で料理して食べてみると、いつもより何倍もおいしく感じるはずです。

また、親子で田植え体験に行くのもいいですね。普段食べているごはん（お米）がどのように作られているのか、田植えにいかに手間がかかるのかを知ると、「一粒一粒、大切に食べよう！」と食育にもつながります。子どもが体験しているのを「汚れるのが嫌だから」と遠くで見ているのではなく、親御さんもぜひ一緒に体験してくださいね～！　親が全力でやっていると、つられて子どももがんばります。

「ぶどうはこんなふうに実がなるんだね～！」と学びにもなります。

理科

あそび 16

動物や魚を実際に見て、絵を描く

動物園・水族館めぐり

おすすめ年齢
3～9歳

難易度
★★★☆☆

動物園や水族館に行くだけでも、生き物を間近に見られて楽しいし、学びにもなります。おすすめなのは、生き物を見ながら絵を描くこと。絵を描くために自然と細かなところまで観察しますし、よく観察して描くと絵も上手くなりますよ！

1

動物園や水族館をただ楽しむ！

動物園や水族館は、行くだけで生きものの勉強になります。ただワクワクしながら楽しむだけ！　ふれあいコーナーでは、親もぜひ動物を触ったり抱っこしたりしてみて。

ぺたほめポイント

イラストのまねから始めてもOK

動く生き物を見ながら描くのは難しいもの。親が代わりに描いてあげたり、本のイラストをまねしたりしてみてもよいです。生き物の種類や形を覚えられて、自信も生まれます。

2

動物や魚を見ながら絵を描いてみる。

目の前で生き物を見ながら、絵を描いてみましょう。「足は何本？」「体の模様がどうなっているか、近くで見てみよう～！」など、声かけを。観察しながら絵を描くと、生き物について記憶に残りやすいですよ。写真を撮って家に帰ってから描くのもOK！

3

家に帰ったら絵を見ながら図鑑で調べてみる。

絵に描いた動物や魚について、図鑑で詳しく調べてみましょう。絵を見ながら「キリンさん、首が長かったね。なぜあんなに首が長いのか、調べてみようか」などと声かけをしてみてください。

column

あそびのヒント

何か見たら図鑑で調べる習慣を！図鑑と友達になろう。

図鑑は子ども部屋ではなくリビングに置く

動物園や水族館、植物園などにおでかけしたら、家に帰ってから観察した生き物、植物について図鑑で調べてみます。「今日見たクラゲは、ぴかぴか光っていたな」などと気になったことを調べてみるのです。これも立派な勉強です。

子どもが自然に図鑑を手に取るようになるためには、図鑑の置き方にも工夫が必要です。図鑑は子ども部屋ではなく、リビングに置きましょう。テレビに動物が映ったら「これ、なんだろう。調べてみよう」と図鑑を手に取るくせがつきやすいです。

図鑑は子どもの目線の高さに置きましょう。よく目に入る位置に図鑑があると、ふと思いついたときに手に取りやすいです。本棚にぎゅうぎゅうに詰めてしまうと子どもが取り出しにくいので、出し入れしやすいようにゆとりをもたせて入れてくださいね。

こんな素敵な絵が描けたら、キリンのこと、もっと知りたくなりますね。

はかってあそぼ

あそびながら、ものの重さや単位、数字を理解できる。直接触って目で確かめながら、考える力を養っていく。

理科　算数

あそび 17

お料理チャレンジ

一緒に作ると、もっとおいしい！

おすすめ年齢
5～9歳

難易度
★★★★☆

料理というと、工程のすべてを一緒にやらないと！と気負いがちですが、分量をはかるだけでも立派な料理です。作ったものを一緒に食べるのも楽しみ。子どもは温度計などのアイテムを使いたがるので、横で見守りながら使わせてあげて。

ぺたほめポイント

わずかな作業からトライ！

子どもは途中で飽きて放り出してしまうことがありますが、そこでイライラしないで！　混ぜただけ、炒めただけでも「○○くんが作ってくれたからいつもと違うね、おいしい！」とほめて。親の演技力の見せ所！

1

温度計で
お湯や油の温度をはかる。

「お水がボコボコ沸騰すると何度になるかな？」などとお湯の温度を一緒にはかってみましょう。氷からスタートして、水になり、お湯になって湯気へと変化していく様子を見ることも学びにつながります。

2

粉や水の量をはかる工程は
子どもにお手伝いを頼む。

計量カップや大さじ・小さじ・はかりなどを使うことで、単位を身近に感じられるようになります。粉がこぼれるおそれがあるので、下に紙を敷くなど汚れてもいいように。

お風呂場に持っていってもいい計量カップを準備して、水あそびをしてもいいですね。

column

あそびのヒント

魚釣りに行って 釣った魚をさばいて食べよう。

加工前の生の魚に触れる機会をつくりたい

魚が切り身の状態で泳いでいると思っている子どもたちもいるそうです。加工前の魚に触れる機会をつくりたいもの。わが家では息子が釣りにハマり、海釣り公園によく行きました。はじめは「タイを釣るぞ！」と意気込みましたが釣れず……。後日、釣れる時間やエサなどを調べて、次はアジを狙うと大漁！　釣った魚を自分で食べたいので、さばくようにもなりました。次男は私よりも魚をさばくのが上手です。

魚をさばくのはハードルが高い場合は、イカを丸ごと買ってきて、内臓を一緒に取るだけでも勉強になりますよ。

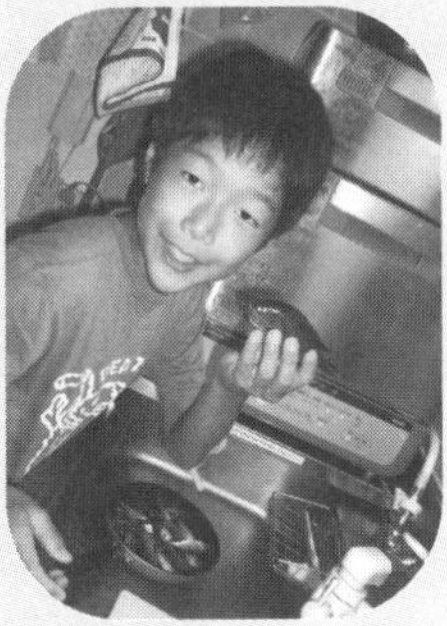

自分で釣った魚を料理して食べるのは、格別の体験ですね！

息子は釣りが大好き。釣り堀や海釣り公園などによく出かけました。

理科　算数

あそび

18

100gに挑戦

100gぴったりを目指して、組み合わせる

おもちゃやブロック、文房具など、家にあるものを使って100gぴったりになるように挑戦してみましょう！　はかってみると、意外なものが重いかも？　親子でどちらが100g近くになるか競うのも楽しいですね。

おすすめ年齢
3～6歳

難易度
★★☆☆☆

1

はかりとおもちゃを用意する。

はかりと、はかりにのせられるサイズのおもちゃや文房具などを用意する。小さくても重いビー玉や、大きくても軽いスーパーボールなど、いろいろなバリエーションを用意すると盛り上がります。

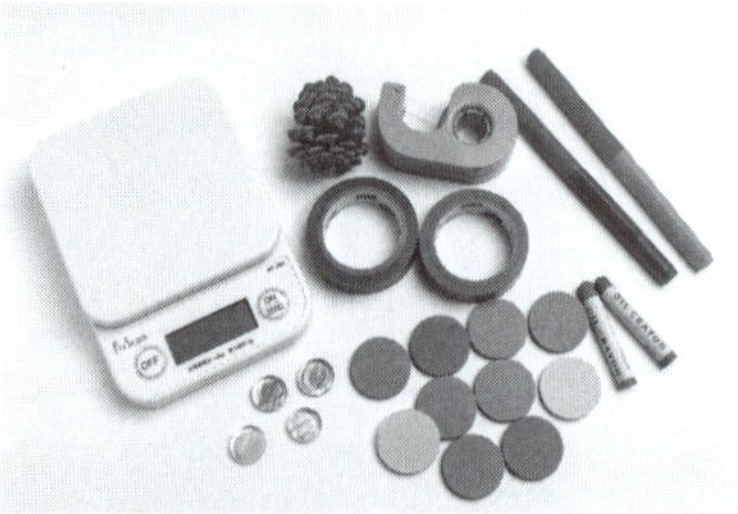

ぺたほめポイント

自分で試すと重さの感覚がわかる

あそびながら「この量が100g」と感覚でわかるようになります。体験すると、記憶に残りやすいです。サイズの違うペットボトルを飲み比べて「500mLはおなかぽんぽんになる量」と覚えていたお子さんも。

2

100gぴったりを目指して おもちゃを1つずつのせてみる。

おもちゃを1つずつのせて、100gぴったりでストップできるように組み合わせを考えてみましょう。誰が一番100gに近くなるかな？　50g、200gなどと目指す重さを変えて挑戦してみても楽しいです。

ならべてあそぼ

ものを並べたり、積んだり、数えたりするあそび。空間認知力を伸ばすのと同時に、数の勉強になる。

算数

あそび

19

子どもの好きなキャラクターで作る

容器でごっこあそび

おすすめ年齢

3～6歳

難易度

★★☆☆☆

空き容器を使って、手づくりキャラクターを作り、ごっこあそびをしましょう。ごっこあそびのなかに自然と算数を取り入れることができます。何人ものお子さんがこの方法で算数嫌いを克服した、楽しいあそびです。

ぺたほめポイント

子どもがわくわくするキャラに！

お子さんが好きな絵やキャラクターを描くことが大切。親が絵を描いてあげる場合も「何にする？　どの動物がいい？」などと聞いて、どんなキャラクターを作るか相談してから描きましょう。

1

紙に好きな絵を描く。
キャラクターを印刷してもOK。

画用紙に、子どもの好きな絵やキャラクターを10個描きます。2で出てくる容器より少し大きめのサイズになるように描きましょう。キャラクターを印刷したり、おもちゃの箱を切り抜いたりしてもOKです。

2

空き容器10個に
切り抜いた絵を貼りつける。

乳酸菌飲料の容器など、小さめの空き容器を10個用意します。切り抜いた絵の裏側と空き容器をテープで固定しましょう。容器を立てたときに、キャラクターが立って見える向きで貼りつけてください。

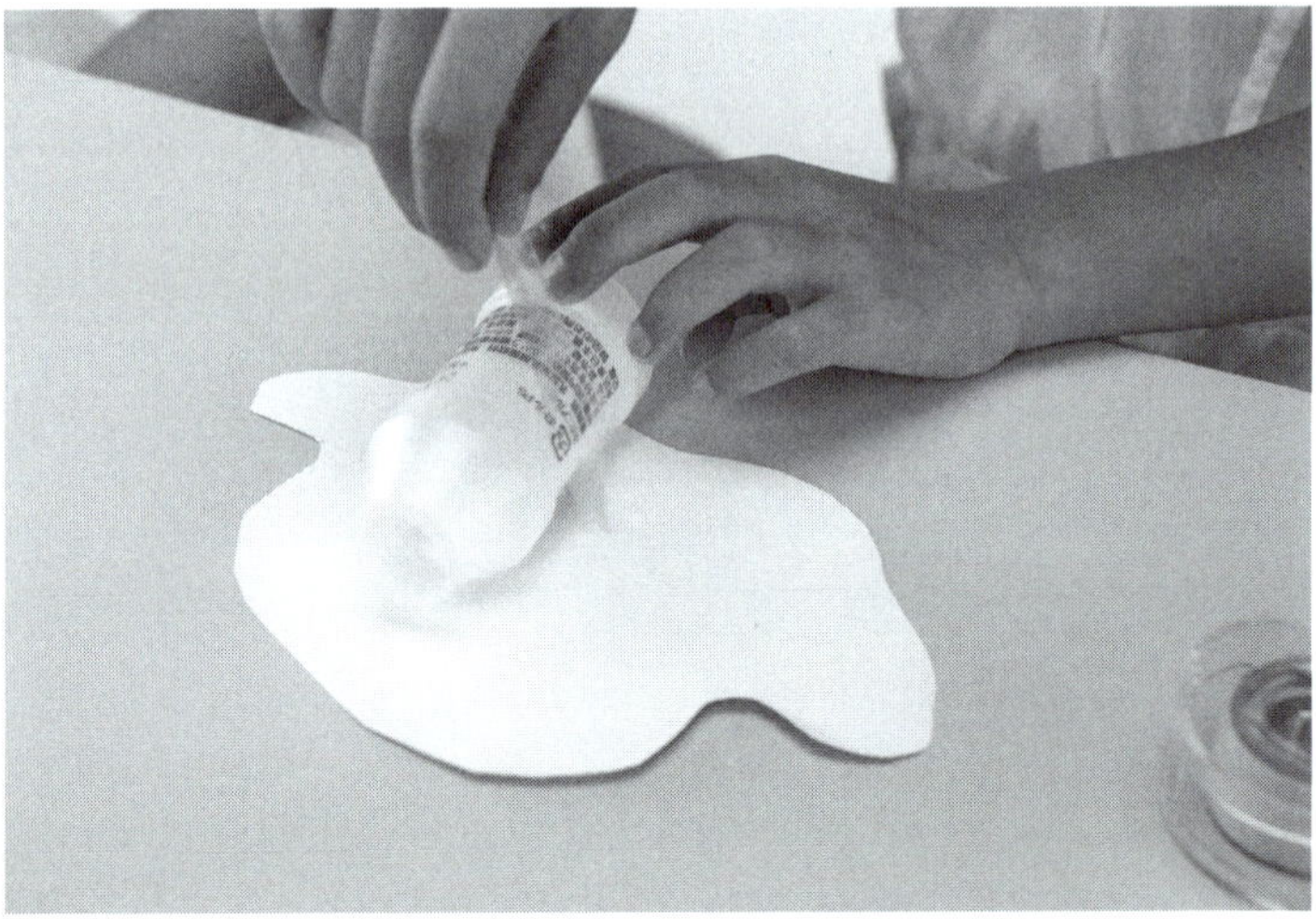

ぺたほめポイント

ドリルより、ごっこあそびが先

先に算数ドリルやペーパーをやらせようとすると、親の必死さを感じ取って子どもが嫌になるケースが多いので要注意。ごっこあそびだとお話の中で計算ができるので、子どもも飽きずに楽しめます。

3

できた人形でごっこあそび。お話の中で足し算・引き算も!

容器を持って、ごっこあそびをしてみましょう。「恐竜さんが5匹いました。2匹が『一緒にあそぼ～』とやってきました。全部で何匹になった?」などと、ごっこあそびの中で、足し算や引き算をしてみると、数の概念を理解しやすいです。

もっとできそうなら

複数の種類のキャラクターで人形を作ってみてください。たとえば「行列に犬、犬、猫、犬、犬、猫、と並んでいます。次にくるのはどっち?」などとクイズを出せば、規則性の勉強になります。

算数

あそび

20

繰り返しチャレンジする意欲を育てる

積み木でピラミッド

おすすめ年齢

3～6歳

難易度

★★☆☆☆

立方体の積み木だけでも、組み立てるといろいろな形を作ることができるもの。並べ、組み立て、崩し、また組み立てるといった作業を繰り返すだけでも、論理的思考力、空間把握力を鍛えられます。

1

積み木をどこまで高く積めるか挑戦。

積み木を高く積み上げてタワーに。どこまで高く積めるか競争します。重心が真ん中にくるようバランスをとって！

高く、高く！

ぺたほめポイント

先に作品を作って見せてあげる

お子さんが寝ている間に親が積み木の作品を作って、リビングに置いておくのもよいですね。「こんなにすごいものが作れるんだ！」と意欲が湧いたり、解体してまた組み立てたくなったりするかも。

2

積み木でピラミッドの形を作ってみる。

ピラミッドの形に積み上げていきます。大きなピラミッドや、奥行きのあるピラミッドなど、同じ立方体の積み木でいろんな種類のピラミッドを作れることを試してみましょう。慣れてきたら、ピラミッドが作れる積み木の数を数えてみて。

まよってあそぼ

夢中になって迷路を解いたり、複雑な構造を作ったりすると、空間認知能力や認知機能の柔軟性が獲得できる。

算数

あそび 21

迷路

考えながら、ゴールを目指せ！

おすすめ年齢
3～9歳

難易度
★★☆☆☆

子どもたちが大好きな迷路を、手づくりしてみましょう。迷路でゴールするには、分かれ道のたびに「どちらに進もうか。こちらの道を選んだら、どうなる？」と考えなければいけません。この作業が思考力や判断力を養います。

ぺたほめポイント

1人でやらせず、一緒に解く

いきなり迷路の本を渡しても、興味を持たない子どももいます。まずは親が引く線の後を追いかけて線を引かせるなど、難易度の低いところから。ゴールしたら「ゴール！　やったね！」とほめてあげましょう。

1

スタート地点とゴール地点を描く。

紙に四角を描いたら、スタート地点とゴール地点を作ります。

2

自由に線を引き迷路に挑戦！

四角の上の線から下へ直線を何本か引き、次に下の線から上へ直線を引いていくと迷路の形に。線と線が交わったり、重なったりしないように注意。

算数

あそび

22

ゴールまで転がるしかけを作ろう

ころころスロープ

牛乳パックやペットボトルなど、筒状になっているものを、ボールがころころ通るように、壁に配置してみましょう。ボールが右へ、左へと転がっていくような複雑なコースを作ることもできます。アイデア次第でコースは無限大！

おすすめ年齢

5～9歳

難易度

★★★★★

1

パックの上の部分を切り取る。

よく洗って乾かした牛乳パックの口を開いて、パックの上の部分をハサミで切り取ります。

上の部分を
ちょきん！

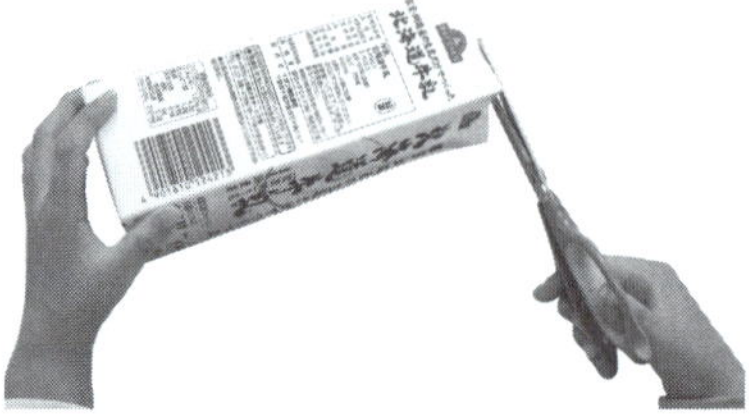

ぺたほめポイント

いろいろな廃材を使って作ろう

トイレットペーパーの芯を半分に切ったものや、ラップやアルミホイルの箱、お菓子の空き箱など、ボールが転がるスロープの形にしやすいです。何ならスロープになるか、お子さんと考えてみて！

2

パックの一面を切り取ってスロープの形にする。

牛乳パックの長方形の一面を切り取り、ボールを転がるスロープの形にします。牛乳パックがふにゃふにゃと柔らかい場合は、パックの周りにガムテープや養生テープを貼って補強するとよいです。

底は切り取らず
そのままに！

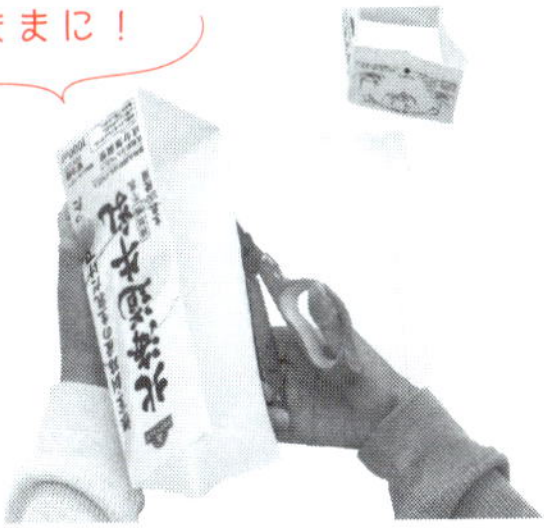

3

作ったスロープを貼りつけ ボールが転がるコースを作る。

2のスロープをいくつか作り、壁や段ボールに貼りつけていきます。ボールを転がしてみて、スロープがどの角度なら転がるかを確かめながら、うまく配置しましょう。はじめてなら写真の形を参考にしながら、傾斜をつけてみてください。

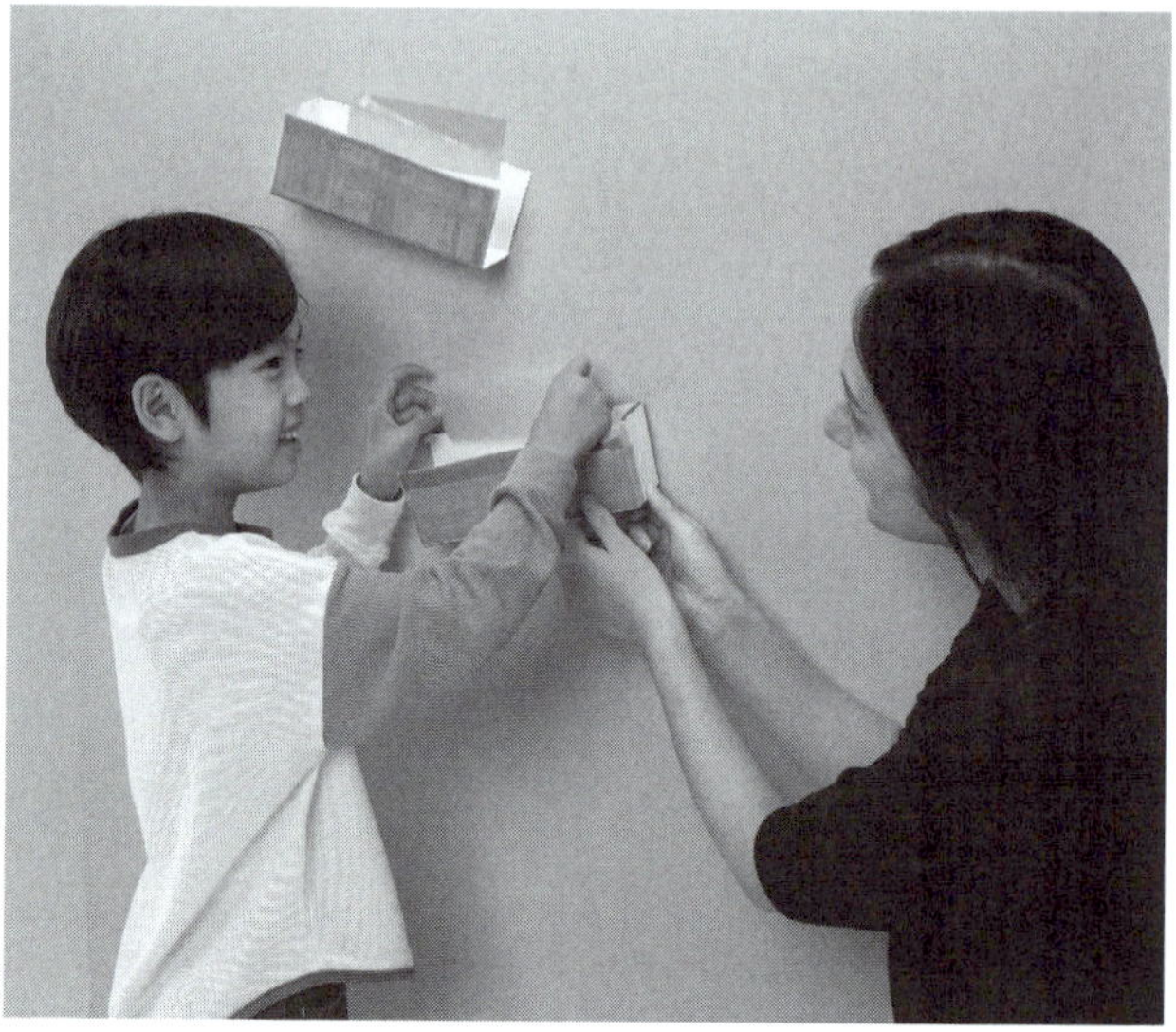

ぺたほめポイント

協力すると親子の絆も深まる

「この角度なら転がるかな?」などと声をかけながら、協力してコースを作ってみましょう。ボールにテープを巻くと速さを調節できます。いろいろなボールでトライしてみて!

4

ボールを転がしてみる。ゴールまでたどり着くかな?

段ボールに貼りつけた場合は壁に立てかけます。ピンポン玉や紙を丸めたボールなど、小さめのボールを転がしてみてください。うまく転がったかな? パーツの角度や位置で、転がり方が変わります。何度も試行錯誤しながら、ゴールを目指しましょう!

もっと できそうなら

何度も作るうちに、だんだんと複雑なコースを作れるようになります。牛乳パックを横にしたとき、両側があくように切り取ると難易度がアップ! ぜひ挑戦してみてください。

column

あそびのヒント

カードゲームで数字の勉強を。ゲームとは上手に付き合って。

ほめられながら堂々とゲームできるように

我が家の子どもたちはトランプやUNOなどのカードゲームが大好きで、食後に楽しんでいました。カードゲームは数字の勉強にもなり、脳機能の向上にもつながるのでどんどんやらせたいところです。ただ悩ましいのは、ゲーム機やアプリなどのゲームをさせるかどうかです。

しかし、そもそもゲームが悪いわけではありません。ノーベル物理学賞をとられた小柴《こしば》昌俊《まさとし》さんもゲーム好きだったそうです。ゲームに依存してしまうのではなく、自分で上手にゲームをコントロールできるよう、子どもと目標を確認し、ゲームをするための交換条件を考えてみてはどうでしょう。たとえば「がんばって宿題をすれば、楽しいゲームが待っている」と思えたら、宿題もがんばれます。やりたいことを制限するのではなく、ほめられながら堂々とゲームをできる環境をつくりましょう。

お子さんが小さいうちは、ルールを変えたり、親がわざと負けてあげてもOK！

あそんでいるだけで、理科・算数の勉強になっている！

理科や算数というと難しく考えがちですが、「こんなあそびなら、お家でもできそう」「子どもと楽しみながらできそう」と思っていただけましたか？

理科には、わくわくしながら挑戦できて、失敗さえも楽しんでしまえる面白さがあります。

82ページで「野菜栽培」を紹介しましたが、我が家でも野菜をたくさん育てることに挑戦しました。あるときプランターにスイカの種を植えて、すいかを育ててみようということになりました。1か月くらいしたら花が咲き、子どもたちも「すごーい」と大喜び。これなら絶対に実がなる！　と思っていましたが、花が咲いてからすぐにしぼんでしまい、スイカの実はできませんでした。

「なんでだろう?」と子どもたちと一緒に図書館に調べに行って、スイカの栽培には受粉が必要だとわかりました。そして受粉にチャレンジした結果、なんと、プランターでもちびっこスイカができあがったのです。

このように、やってみて思わぬ結果だったとしても「なぜうまくいかなかったのだろう？」と疑問が生まれます。図鑑などで調べて、自分たちで失敗の原因を探り、またトライしてみる。その結果、うまくいけば大きな自信になるのです。

息子たちもこうしたあそびから始まって、理科が大好きになりました。

算数は、数字を使ったドリルやワークから始めてしまうと、親が一生懸命、正解を教えようとするので「算数嫌い」になりがちです。 96ページ「容器でごっこあそび」のように、子どもの好きなキャラクターやおもちゃを使って数の概念を教えてみてください。

子どもは親とごっこあそびをするのが楽しいので「もう一回！」と繰り返しあそびます。何度もあそんでいると、数の概念がだんだんわかってくるはず。

概念がわかってからドリルをやってみると、「あのときあそびでやっていたのは、こういうことなんだ」と理解しやすく、あそびの延長線上で取り組めるはずです。

第3章

「運動脳」を育てる親子あそび

なかなか体を動かしてあそべない、今の子どもたち

運動には、体力や持久力をつけるといった直接的な効能だけでなく、脳の発達を促し、精神発達にも良い影響を及ぼす力があります。

たとえばキャッチボールをする場合は、投げられたボールがどこに行くのかを瞬時に予想し、どのように体を動かせばボールより早く到達できるのかを予想しなければいけません。

一見、単純に見える動きでも、**あそびを通じて「身体能力」や、体を動かしたことでどうなるのかを予想し、自分の位置を空間的に把握する力、相手の位置を意識するという「協調する力」などを総合的に発揮できます。**

また、親子でさまざまな運動あそびに取り組むことで、「目の前の物事に集中する力」や「忍耐力」「本番に強い力」などを身につけることができます。これらは運動だけではなく、勉強にも通じる力です。

ただ、一昔前と比べて、今の子どもたちの運動あそびの量はどんどん少なくなって

います。都心では、木登りやボールあそびを禁止している公園も多く、近所の子どもたちが集まってあそぶような場所もなかなかありません。

だからこそ、家庭の中で子どもを「動ける体」に育てておくことが重要なのです。

そこで3章では、「投げる」「跳ぶ」「蹴る」「転がる」「バランスをとる」といった基本動作を習得しつつ、小さな成功体験をたくさん感じて、達成感を得られるような19の運動あそびを紹介します。

これらの基本的な動作は、小学校に入ってから体育の授業で行うさまざまなスポーツの動きにもつながっていきます。

屋内でもできるあそびがたくさんあります。親も子どもも無理をせず、楽しめる範囲でやってみてください。

運動は「できないことができるようになる」感覚をわかりやすく味わえるため、自信や自己肯定感を得やすい利点があります。スモールステップで成功体験を得ながら、何より楽しく、「やればできる」と思える心と体づくりをしていきましょう。

さわってあそぼ

第二の脳とも呼ばれる指先。たくさん動かし、使うことで脳のさまざまな部分が刺激され脳機能が向上する。

運動

あそび 23

触って、つかんで、形を作って楽しい

ねんど・砂あそび

おすすめ年齢
3～9歳

難易度
★☆☆☆☆

指先を使ってあそぶのにおすすめなのが、ねんどや砂です。幼児期ならお団子を作ったり、さわって形を変えたりするだけでもよいでしょう。年齢が上がると、感触あそびから造形あそびに変わり、いろいろなものを作れるようになります。

ぺたほめポイント

ぐちゃっとつぶしても怒らない

作るものを無理強いせず、まずは好きなようにあそばせて。ぐちゃっとつぶしたり、叩いたり、ただ握ったりと、やる気がないように見えても、感触を楽しんでいるのかも。それだけで脳に良い影響があります。

1 ねんどの場合

まずはつぶしたり丸めたり ねんどを触ることに慣れる。

ねんどを握って、感触を楽しみましょう。3～4歳なら、丸・三角・四角といった簡単な形を作るところから。ストローや定規を使えば、ねんどに模様をつけることもできます。ねんどはいくらでもやり直しがきくので、失敗しても大丈夫。

2 ねんどの場合

ねんどをお皿にのせて
ごっこ遊びも。

ねんどを丸めるだけでお団子、長く伸ばせばうどん、丸や四角を組み立てればケーキになります。見立てあそびや、食べ物に見立てて親子でおままごと、お店屋さんごっこをするのも楽しいですね。

ぺたほめポイント

造形が難しいものにも挑戦！

慣れてきたら、動物やキャラクターなど、造形するのが難しいようなものにもどんどん挑戦してみて。作りたいものをイメージして作ってみる過程が、柔軟な脳や本番に強い心を育てることにつながります。

3 ねんどの場合

乾かして色を塗ると
ねんど作品の幅が広がる！

年齢とともに、ねんどで作品の形を作り、乾燥させて色を塗るといった工程を経て作品を製作できるようになります。仕上がりを想像しながら、作りたいものを楽しく作ってみてください。作品は飾るか、写真に撮ってぺたほめしてください。

もっとできそうなら

公園や海に行く機会があれば、ぜひ砂遊びにもチャレンジを！　砂は水を含むことで固まるため、光る泥だんごから大きなお城まで、いろいろなものを作ることができますよ。

運動

あそび 24

紐通し

身近な材料でアレンジいろいろ！

おすすめ年齢
3～5歳

難易度
★★☆☆☆

指先を使って穴に紐を通すことで、あそびながら脳を刺激し脳機能の向上に。小さな穴に紐を通すので、集中力や手先の器用さを伸ばすことにもつながります。厚紙を使っていろいろな形の紐通しおもちゃを作れば、多様な遊び方ができますよ。

1

厚紙をカットし穴を開ける。

厚紙（空き箱でもOK）を子どもの好きな形にカットしたら、穴あけパンチや目打ちを使って穴を開けていきます。まずは10個くらいの穴からスタートしてみましょう。

ぺたほめポイント

子どもの好きな形で作る

かばんや車、動物の形など、厚紙を子どもの好きなものの形に切ると、楽しんであそんでくれますよ。厚紙にラミネートをすれば、紙がよれずに何度も使えます。

2

穴に紐を通していく。親子でタイムを競っても楽しい！

穴に通せるサイズの紐や毛糸を選びます。穴に紐を通していきましょう！好きな穴だけに通したり、通す順番をいろいろ変えたりすると、飽きずに楽しめます。同じ形の紐通しを2つ作り、親子で紐を通し終わるまでのタイムを競っても楽しいですね。

くぐってあそぼ

くぐる動きは、自分の体の大きさなどボディイメージを育てる。環境に合わせて体を動かすトレーニングにも。

運動

あそび 25

ママ・パパのトンネル、くぐれるかな？

ひざトンネル

おすすめ年齢
3～6歳

難易度
★★★☆☆

親の体でいろいろな形に作ったトンネルを、子どもがくぐるあそびです。トンネルの高さや大きさを見て、ぶつからないように体勢を変化させてくぐるので、空間認知能力や身体能力を育てます。親子のふれあいにもおすすめ。

ぺたほめポイント

通れなくてもぎゅっと抱っこ

「3秒の間にくぐって～。3、2、1」とカウントするなど、ゲーム性を持たせると、子どもも大盛り上がり！　時間内にくぐれなくても「つかまえた～」とぎゅっと抱きしめてあげると、楽しくあそべますよ。

1 ひざやおなかのトンネルをくぐる。

親が片ひざを立てたり、四つん這いになったりしてトンネルのような隙間をつくり、子どもがくぐります。

2 ポーズを変えると難易度アップ！

親が四つん這いや横向きなどポーズを変えながら難易度を調整。親の体幹トレーニングにもなります。

運動

あそび

26

ドキドキのレースを家の中で！

おうちで障害物競走

おすすめ年齢

3〜9歳

難易度

★★★★☆

おうちにあるアイテムを組み合わせて障害物競争をしてみましょう。大掛かりな準備は必要なし！　どんなコースにしたら盛り上がるか、限られた空間でも楽しめる方法をみんなで考えて、タイムを競ってみて。

1

段ボールのトンネルをくぐる。

走るのは大人のほうが早くても、この競技は子どもが有利！丸めたマットや布の下をくぐるのでも楽しいです。

くぐるぞー!!

ぺたほめポイント

子どもが勝てるチャンスを

子どもは、親にどうしても勝ちたいとがんばります。体の小さな子どものほうが有利な競技を取り入れたり、ときには演技力を発揮して負けてあげたりして、子どもが勝つ可能性をつくってあげて。

2

紙の飛び石をジャンプして進む。

それを石に見立てた紙を床に散らばせ、ジャンプして渡ります。「落ちたら川にドボン～！」などと盛り上げて。並べた積み木の上を歩くのでもよいですね。1や2のような競技を組み合わせ、早くゴールしたほうが勝ち！床がすべる場合は、テープなどでとめておきましょう。

運動

あそび 27

タオル足抜き

タオルをぐるっと回して足を抜けるかな？

タオルを使って、体の後ろから前へ、前から後ろへと足抜きをするあそびです。柔軟性や身体感覚を高めることが期待できます。親にとっても柔軟性を鍛えるよいトレーニングになるので、一緒にやってみましょう！

おすすめ年齢

3～9歳

難易度

★★★☆☆

1

タオルを後ろ手に持つ。

タオルの両端を後ろ手に持ちます。タオルは床と平行になるように。これがスタートのポーズです。

体の後ろから…

ぺたほめポイント

タオルを持つ位置を変えてトライ

長く持てば難易度が下がり、短く持つと難易度が上がります。最初は長めのフェイスタオルでトライしてみましょう。肩周辺を動かし、立ち上がり動作をなめらかに行うトレーニングになりますよ。

2

タオルを体の前へ片足ずつまたぐ。

タオルを後ろから頭の上、体の前へ持ってきます。片足ずつタオルをまたぐと、スタートと同じポーズに。だんだんとタオルを持つ幅を変えたり、スピードアップしたりして難しくしてみましょう。

頭の上に持ってきて…

タオルをまたいではじめのポーズに！

ぶらりであそぼ

ぶら下がる動きには握力や腕力が必要となる。自分の腕で体重を支えるので筋力がつき、体幹を鍛える効果も。

運動

あそび 28

腕ブランコ

親の腕につかまってブランコの動き

おうちの中で手軽にできる、ぶら下がるあそびです。親の腕に子どもがつかまって、そのままぶら下がれば握力や腕力が鍛えられます。ぶら下がろうとひざを上げることで、背筋や腹筋も使うため、全身を効率よく鍛えることができますよ。

おすすめ年齢
3～6歳

難易度
★★★☆☆

ぺたほめポイント

早口で数えて「できた」をつくる

「10数える間、ぶら下がっていられるかな？」と挑戦。子どもがキツそうな様子なら、早口で10を数えて「すごいね、10までぶら下がっていられたよ！」とほめてあげて。ズルくても、やる気になれたら勝ち！

1

親の腕を子どもがつかむ。

親が片腕のひじを曲げ、子どもが上腕をしっかりつかみます。

2

親が腕を持ち上げて、子どもがぶら下がる。

親が少し腕を持ち上げて、子どもは足を上げてぶら下がります。子どもが落ちないように注意。しっかりぶら下がれているようなら、親が少し腕をふってあげると、ブランコのような動きに。動いてもぶらさがっていられるかな？

運動

あそび 29

てつぼう

回る前に、ぶら下がる練習から

鉄棒はぶら下がる力を鍛えるのにピッタリ。腕の力がつかないと、逆上がりもできません。いきなり前回りや逆上がりなどをさせず、まずはぶら下がる練習から始めて。鉄棒を見たら「ぶら下がろう」と言うほど習慣になるとよいですね。

おすすめ年齢
3～9歳

難易度
★☆☆☆☆

1

鉄棒を両手でつかみぶら下がる。

鉄棒を両手でしっかりつかんで、ぶら下がります。1から10までカウント。その間、ぶら下がっていられるかな？

そのまま10秒！

ぺたほめポイント

写真を撮ってぺたほめしよう

子どもがぶら下がった瞬間の写真を撮り、「鉄棒にぶら下がれたね！」などとコメントを書いてぺたほめしましょう。できた瞬間を写真に撮れば、たとえ1秒しかできていなくても「できた」と思えます！

2

鉄棒にぶら下がったまま ボールを足でキャッチ！

足元に大きめのボールを置き、足でボールをつかんで持ち上げてみましょう。ボールを小さくすれば難易度アップ。大人もぶら下がれる高さの鉄棒を見つけたら、子どもと一緒にぶら下がり、ボールを持ち上げられるか挑戦してみてください。

もっとできそうなら

うんていやジャングルジムなど、公園にはぶら下がれる遊具がたくさんあります。鉄棒以外でも「ぶら下がれるものを見たら、ぶら下がろう」ということを習慣にすると腕の力が鍛えられます。

運動

あそび

30

木登り

親の体を木に見立てて登ってみる

木によじ登ってあそぶのは全身トレーニングになります。子どもが登れる木が見つからない人のために、家でできる木登りあそびを紹介します。しがみつく動きで全身を鍛えられますよ。

おすすめ年齢

3～9歳

難易度

★★★★★

1

親が片ひざをつき、「木」のポーズに。

親が片ひざをつき、両腕を前に伸ばして「木」になります。バランスをとってポーズを安定させて。

2

子どもが親の「木」を登る。
肩車の状態になったら木の頂上！

1のポーズをとっている親の体に足をかけて、子どもが登っていきます。どこに手をかければ登れるか、考えながら登ってもらいましょう。肩車の状態になったら、木の頂上に到着！親は落ちないように軽く支えてあげて。

ぺたほめポイント

マットを敷けば落ちても安心

万が一落ちてもけがをしないように、下にマットやふとんを敷いておくと安心です。子どもが「怖い」と感じないような工夫をして、あそびのハードルを下げましょう。

3

降りるときも、手や足の位置を考えて落ちないように。

子どもが小さく親に余裕があれば、肩車の状態で立ち上がり、スクワットをしてみてもよいです。親が片ひざをついたポーズに戻ったら、子どもは落ちないように気をつけて降りましょう。

column

あそびのヒント

公園や森で木登りをしよう！木登りは思考力も伸ばすあそび

一瞬、木の上に座らせて写真を撮るだけでも十分！

木登りは運動機能やバランス感覚を鍛えるだけでなく、頭のトレーニングにもなります。どのルートなら高い位置まで登れるだろう？次はどの枝に手をかければいいかな？などと自分で考え、状況判断をする必要があるからです。

　最近は木登りを禁止している公園も多いです。自然のなかで自由に遊べて、木登りもＯＫになっているプレーパークもあるので、調べてぜひ行ってみてください。最初のうちは登りやすい木かどうか、木がもろくなっていないか、親がチェックしてから登らせてください。木登りができない、高いところが怖い、というお子さんは、木の枝の上にお子さんをのせて数秒座らせておくだけでもＯＫ。パッと手を離した隙に写真を撮り、家に帰ってから「すごいね〜！　木登りできたね！」と写真をぺたほめすれば、子どもには「木登りができた」記憶が残ります。

たくさん木登りをしたので、高いところが怖くなくなったみたい！

ジャンプであそぼ

ジャンプ力を鍛えると下半身の強化になり、さらに体幹力アップ、バランス感覚を養うことにもつながる。

運動

あそび 31

リズムよく、前方に跳んで進む

けんけんぱ

おすすめ年齢
3～6歳

難易度
★★☆☆☆

最近「けんけんがうまくできない」という子どもが増えています。「けんけんぱ」はリズムに合わせて体を動かすので、ジャンプ力に加えてリズム感覚も養われます。スキップにもつながる動きです。リズムよく体を動かしてみてください。

ぺたほめポイント

片足で跳べるかチェック

けんけんがうまくできない場合は、片足で跳ぶことに体がまだ慣れていない可能性も。その場で片足立ちをする、その場で片足跳びをする、などハードルを下げてあそんでみてください。

1

輪っかを描く。フープでもOK。

屋外なら、棒またはチョークで輪っかや四角を描く。家の場合は、紐などでフープを作ってけんけんぱのフレームに。

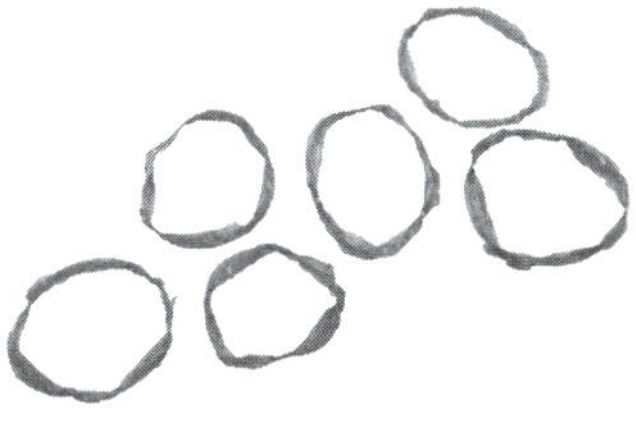

2

けんけんぱ、とジャンプ!

円が1つのところは片足で着地(けん)、円が2つ並んでいるところは両足で着地(ぱ)します。リズムよく!

運動

あそび

32

とびばこチャレンジ

腕でぐっと押す動きが肝心

おすすめ年齢

3～9歳

難易度

★★★★☆

小学校で跳び箱を習う前に、おうちでできる練習をしておけるといいですね。跳び箱の開脚跳びをするのに大事なのは、腕の力と体重移動。はじめはお母さんとお父さんでやって見せるとわかりやすいですよ。

1

親の背中を手で押して跳ぶ。

親は体を小さく丸めます。子どもは親の背中に手をついて立ち、背中を押してその場で上にジャンプ！

ぺたほめポイント

ふとんでもっと簡単なあそびも！

跳ぶ動きがまだ難しかったり、親の背中だと負担が大きかったりする場合は、ふとんを丸めて代用しましょう。ふとんを押して前に進む練習です。腕の力が鍛えられるので、鉄棒の練習にもなりますよ。

2

ジャンプしながら
前に進む動きを練習する。

跳ぶ動きを教えてあげましょう。腕で親の背中をぐっと押したら足を開き、前のめりの姿勢で体重移動をします。ジャンプしながら前に進むということがなかなかわからないので、「前へ！」と声をかけながら進む意識を持たせましょう。

運動

あそび

33

なわとび

「跳ぶ」動きと「回す」動きを分けて練習！

子どもにとってなわとびが難しいのは「跳ぶ」と「回す」動作を同時にするから。まずは2つの動作を分けて練習しましょう。大事なのは、親も一緒に跳ぶこと。親のなわも買って、チャレンジしてみてください。

おすすめ年齢

4～9歳

難易度

★★★★☆

1

跳びやすいなわを選ぶ。

なわ選びは重要です。重さのあるなわのほうが、遠心力を使って回しやすいのでおすすめ。なわの長さは、なわを踏んだ状態で子どもの肩より少し下にくる程度に調整しましょう。身長が伸びるので、なわを切らないように！

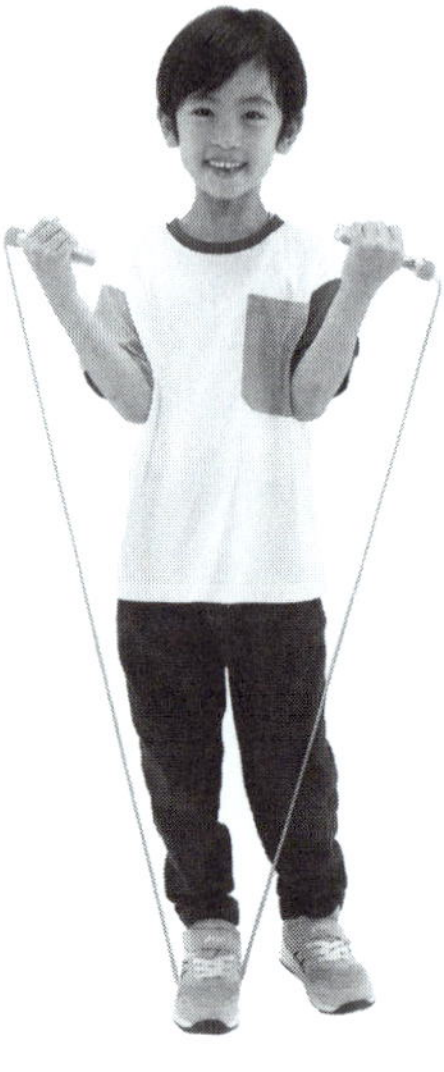

ぺたほめポイント

前とびの練習の前にジャンプ！

いきなり難易度の高い跳び方の練習を始めてしまい、なわとびが苦手になってしまうお子さんがたくさんいます。まずはジャンプの練習から始めて、確実に「できる」感覚を積み上げましょう。

2 跳ぶ練習①

つま先でジャンプする。

まずはなわを使わず、ジャンプの練習から始めます。同じ場所で、何度かジャンプしてみましょう。かかとはつけず、つま先で跳びます。ひざを伸ばしてつま先で地面を蹴る感覚を覚えて。

つま先立ちの
状態でジャンプ！

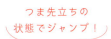

ぺたほめポイント

なわを回すのも、実は、難しい！

手首のスナップでなわを回すのは、幼児にはかなり難しいです。うまくできなくても焦らないでください。なわを回せただけでも「すご～い！」「大きく回せているよ！」などと、子どものやる気が出る声かけを！

3 跳ぶ練習②

片足跳びや「けんけんぱ」など、いろいろなジャンプに挑戦！

つま先でジャンプできるようになったら、片足だけでジャンプ、片足で「けんけん」して両足で「ぱ」と着地する、といった練習を（134～135ページ参照）。ずっと同じジャンプの練習を繰り返すより、いろいろなジャンプを取り入れたほうが、子どもも楽しく練習できます。

4 回す練習

親が手を叩くのに合わせてなわを回す。

次は、なわを回す練習です。利き手でなわを持って、腕からひじまでを体にくっつけて、なわを回します。子どもが回すときは、親が手を叩いて「はい、はい、はい」と声をかけながら、地面になわがぶつかるのを体感できるように。

5

「跳ぶ」+「回す」を同時にやってみる。

足元にあるなわをジャンプして跳び越え、体の後ろから前に向かって、ぐるっとなわを回します。足元にきたなわを、再びジャンプして跳び越える。この動きを繰り返します。

ぺたほめポイント

ほめるときは具体的な回数で

はじめは絶対に引っかからないスピードでジャンプし、慣れてきたらだんだんスピードを上げてみて。「今日は○回できたね！」と具体的にほめ、もちろんできなくてもトライしたことをほめてあげましょう。

なわを回すしくみがわかるよう、まずは親が手本を見せてあげてください。動画を撮って、親子で一緒に見てみるのもおすすめです。この動きをすると、どんどん前に移動してしまうので、10回跳んだらもとの位置に戻るなどの工夫を。慣れてきたら、同じ場所で跳ぶことに挑戦しましょう。

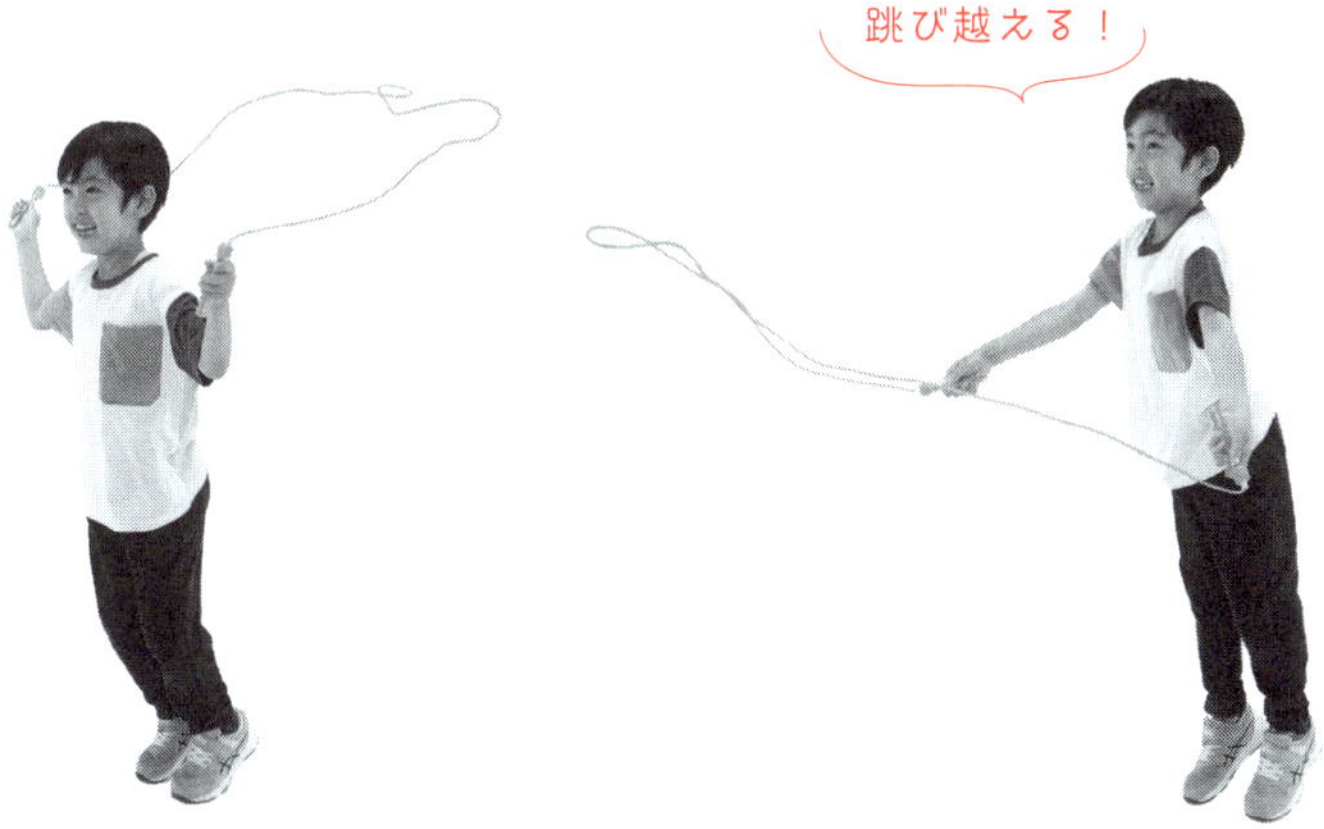

もっとできそうなら

交差跳び、あや跳び、二重跳び、とレベルアップを。まずはなわを持たずに「手を体の前で交差させて回す」などの回す動きだけを練習してから、ジャンプの動きと組み合わせるとよいです。

投げてあそぼ

投げる動きは意外と複雑。片足立ちやひねりなど複数の動きを機敏にこなす力や、空間認知能力の習得にも。

運動

あそび 34

紙ボールバスケ

紙ボールを投げてシュートを決めよう

おすすめ年齢
3～6歳

難易度
★☆☆☆☆

紙などで作ったボールを洗濯かごに投げて、バスケットボールのようにあそんでみましょう。本格的なボールを投げる前に、投げやすい軽いボールで投げる動きを習得します。針金などでゴールを作れば、よりバスケ風に。

ぺたほめポイント

ルールの矛盾をつくらない

このあそびをする場合、子どもがゴミ箱にゴミを投げても怒らないようにしてください。新聞紙は投げていいのにゴミはダメ、と言うと矛盾になります。むしろ、ちゃんとゴミ箱に入るまで何度も投げさせて！

1

紙などでボールを作る。

紙などを丸め、テープでぐるぐるまきにして、ボールをたくさん作る。

2

洗濯かごに向かって投げる。

洗濯かごに向かって投げ込む。かごの位置を少しずつ遠くして難易度を上げる。

入るかな？

もっとできそうなら

段ボールを鬼の顔に見立てて切り抜き、口の部分に穴を開け、そこに新聞ボールを投げ入れるゲームにするとわくわく！　工作とボールあそび、両方楽しめます。

運動

あそび 35

紙ひこうき

どうすればもっと遠くに飛ばせるかな？

紙一枚で楽しめる、紙ひこうきあそび。折り紙の、指先を使い集中するという要素に加えて「投げる」動きを練習するのにもピッタリのあそびです。より遠くに飛ばすにはどうすればよいか、繰り返しトライしてみてください。

おすすめ年齢

3～9歳

難易度

★★★☆☆

1

折り紙で紙ひこうきを折る。

紙ひこうきをつくるにも、いろいろな折り方があります。たとえば折り紙を半分に折り、開いて真ん中の折り目に沿って角を三角に折ります。さらに真ん中の折り目に向かって折り、ひっくり返してもう一度真ん中の折り目に合わせて折り上げると……。

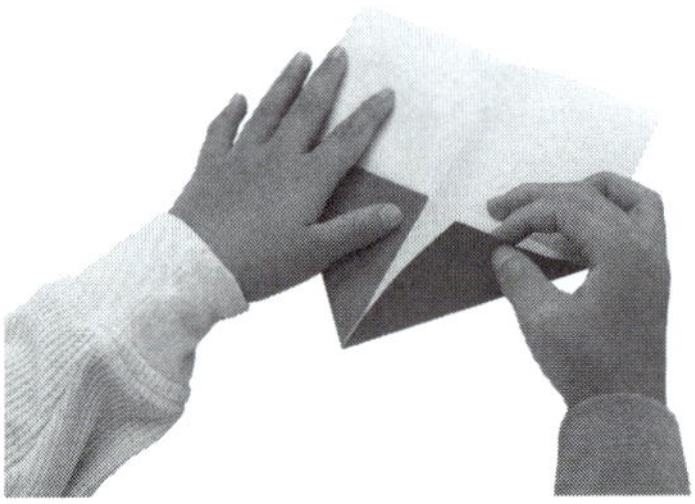

ぺたほめポイント

折り紙以外の紙でチャレンジ

画用紙や和紙、新聞紙など、いろいろな素材の紙で折ってみましょう。私は、広告の少し厚めの紙を使って、よく紙ひこうきを折りました。大きな紙を使って巨大紙ひこうきを作ってみるのも楽しい！

この形の紙ひこうきができあがります。真ん中の山折り部分を手で持ちます。紙ひこうきはどの部分を持つのかが、とても大事です。真ん中を持つのか、後ろの部分を持つのか。飛び方にも微妙な変化が現れます。

2

手首と腕のスナップを使った
投げ方を練習する。

子どもは、地面に叩きつけるように投げてしまいがち。少し上に向かって投げます。はじめは子どもの手を持って、手首の力で投げるイメージを動きで教えながら、手を離すタイミングで「離す！」と声をかけて練習します。

ぺたほめポイント

試行錯誤してやり抜く経験に

折り方や飛ばし方など子どもと一緒に考えて、何度も試行錯誤してみましょう。私も次男が年中のときは、紙ひこうき大会で1位を目指して100個近く一緒に折り、飛ばし方の特訓をしました。結果、見事1位に！

3

誰がどこまで飛ばせる？
親子で競争する。

どこまで飛ばせるか、親子で競争しましょう。どんな形の紙ひこうきがよく飛ぶか、いろいろな折り方を試してみます。また屋外で飛ばすときは、風の向きにも注意しながら飛ばし方を工夫してみましょう。

転がってあそぼ

転がる動きは体幹トレーニングになり、回転運動の感覚を身につけることができる。さまざまな動きの基礎に。

運動

あそび 36

回転の動きは、転んだときのけが防止にも！

ごろごろ

おすすめ年齢
3～6歳

難易度
★☆☆☆☆

体をゆらゆらと動かして柔らかくしてから転がると、けがもしにくくごろごろしやすくなります。いろいろな方向に転がってみると面白いです。親子でのふれあいも楽しみながら、ごろごろしてみてください。

ぺたほめポイント

自然の中でもごろごろしてみる

両手をしっかり上げてバランスをとりながら行いましょう。野原のゆるやかな斜面など、自然の中で転がってあそべる場所があったら、地面のごつごつした感触を感じながらごろごろしてみて。

1 金魚のように ゆらゆら動く。

両手を頭上に上げ、腰をゆらしてゆらゆらゆれます。子どもの足を持ち、親が体をゆらしてあげてもよいです。

2 そのまま ごろごろ転がる。

ゆらゆらした動きのまま、くるっと回ります。スペースが広ければ、そのままごろごろと横に転がってみて。

運動

あそび 37

飛行機ぐるんちょ

親の足に乗ってぐるんちょと一回転！

おすすめ年齢
3～5歳

難易度
★★★★★

バランス感覚と回転感覚を高め、マット運動の前転にもつながります。ポイントは両手でしっかり子どもの背中を支えること。ぐるんと回す動きで、親子の信頼関係も深まる！　慣れるまでは、マットやふとんの上など安全な場所で行いましょう。

1

親の足の上に子どもを乗せる。

親の足の上に子どもを乗せます。子どもは自分の足で、親の足をぎゅっとはさむように。親がそのまま足を上に上げて、飛行機ブーンのポーズ。バランスをとりましょう。

ぺたほめポイント

スキンシップで信頼感を育む

親子のスキンシップで、信頼感や安心感を育むことにもつながります。子どもの体が大きくなると、親の負担も増えるので、お子さんだけでなく親御さんも無理をしない範囲であそんでみてください。

2

足を高く上げたりゆらしたり。呼吸に合わせてぐるんちょ。

慣れてきたらそのまま1、2、3とカウントし、3で親が足で子どもの前ももを押し上げ、脇を支えながら飛行機を大きく上下にゆらします。さらに上達すればそのまま縦に回る前転の動きができるようになるかも。

走ってあそぼ

走る動きは体づくりのためにも重要。体をたくみに操作し、蹴る、跳ぶなど、いろいろな動きを身につけられる。

運動

あそび 38

かけっこ

手をしっかり引いて、地面を蹴る！

おすすめ年齢
3～7歳

難易度
★★☆☆☆

親子でかけっこをしてみましょう。親に勝つという目的があれば、早く走るための練習をするきっかけになります。走るまねだけなら家の中でも練習できるので、ぜひ親子でやってみてください。

ぺたほめポイント

手と足の動きを分けて練習する

なわとびと同様に、走る動きも複数の動作を一度に行うのが難しいです。それぞれの動きに分けて練習すると、子どもも理解しやすいです。ひじを引けない子には親が後ろからひじを持ってサポートしてあげて。

1 走る練習①

まずは腕を引く練習だけをする。

足は動かさず、腕を引く動きだけ練習させます。鏡の前に立たせ、手は軽く握ったまま、後ろにまっすぐひじを引くイメージを教えるとわかりやすいです。「引く。引く。引く」と親のかけ声に合わせて、左右交互にひじを引きます。

2 走る練習②

地面を蹴る練習を。体は前傾姿勢で、重心を前に。

次は地面を蹴る練習です。腕は動かさず、蹴る動きだけに集中！　地面を蹴りながら、ジャンプするように前に進ませます。「蹴る。蹴る。蹴る」と親が声をかけるのに合わせて、地面を蹴る！　つま先で地面を蹴ります。体は前傾姿勢に。

ぺたほめポイント

親が負けて「もう一回」とお願い

大人のほうが速く走れるものの、親がいつも圧勝していては子どももすねてしまいます。ここは演技力の見せどころ。ギリギリのところで負けて「勝ちたいからもう一回！」とねだってあげれば、走る練習に。

3

親子で競走スタート！ 遠くを見ながら走らせる。

いよいよ競走スタート！　公園など広い場所で「あの木にタッチしたらゴールね」などとゴール地点を決めて走ります。走るのが遅い子は足元を見て走りがち。ゴールのほうを見ながら走ったほうが、速く走れると教えてあげてください。

バランスであそぼ

バランス運動は、思考・やる気などを司る前頭前野に刺激を与え活性化させる。平衡感覚を養うとけが防止に。

運動

あそび 39

バランスをとって歩ききれるかな？

1本の線の上を歩く

おすすめ年齢
3～6歳

難易度
★☆☆☆☆

子どもは道路の白線や縁石の上を歩きたがるもの。家の中でも紐やテープを使って、線の上を歩かせ、バランス能力を養うあそびをしてみましょう。「線から落ちたら川にドボンしてアウトだよ～！」などと声をかけると盛り上がります。

ぺたほめポイント

難しいコースを作り相手に挑戦！

難しいコースを親子それぞれで作って、相手にチャレンジしてもらい、渡りきれるかを予想し合っても楽しいですね。123ページの飛び石と組み合わせて、大きなコースにしてみても。

1

床の上に1本の道を作る。

紐やロープ、テープなどを使って床の上に道のような線を作ります。くねくね、まっすぐ、を組み合わせて。

2

線の上を歩く。落ちたらアウト！

線の上を、両手を広げてバランスをとりながら歩きます。制限時間を設けるとゲーム性がアップ！

運動

あそび

40

バランスいかだ

誰が一番長く乗っていられるかな？

折り曲げるたびに小さくなっていく大きな紙やバスタオルの上に乗って、バランスをとります。最終的にはつま先立ちや片足立ちをすることになるので、バランス感覚を養うのにぴったりのあそびです。じゃんけんを取り入れたゲームにしても。

おすすめ年齢

3～9歳

難易度

★★☆☆☆

1

いかだに見立てた紙に2人で乗る。

2人一緒に、1枚の紙の上に乗ります。最初のうちはまだ足を乗せられるスペースが広いので、余裕の表情です。

2

紙を小さく折っていく。最後まで乗っていられるかな？

どんどん紙を折っていきます。どちらが長く、紙いかだの上に乗っていられるかな？　ぴったりくっついたり、手を広げてバランスをとり合ったりして。バランスがとれなくなって、落ちてしまったら負け〜！

3

紙の上でじゃんけん！
負けた人が新聞紙を折る。

じゃんけんを取り入れてあそぶこともできます。親子それぞれが紙に乗って、じゃんけん。負けたほうが紙を折っていきます。勝った人はそのまま。じゃんけんに負けるたびにどんどんバランスをとるのが難しくなっていく～！

ぺたほめポイント

体をぎゅっと密着させて盛り上がる

親子で体を密着させたり、親の足に子どもが乗ったりと、スキンシップをとりながら盛り上がれます。紙は勢いよく乗ると滑って転ぶおそれがあるので、親が見守りながらあそんでみてください。

4

片足だけ、など
ルールはアレンジしてみて!

最初から「右足だけ」「左足だけ」と制約を設けてあそぶと、もっと難易度が上がります。ハラハラしながら、バランスをとって楽しむことができます。

負けるとどんどん
難しくなる〜!

リズムであそぼ

リズムに乗って楽しく体を動かすだけで、脳の働きを高める効果的なトレーニングになる。

運動

あそび 41

歌いながら手指を動かす、意外と複雑な運動

手あそび

おすすめ年齢
3〜6歳

難易度
★★★☆☆

手あそびは、左右の手でちがう動きをしたり、リズムに合わせたりと複雑な動作をするため、脳への刺激につながりやすいのが特徴です。恥ずかしがらずに、親も子も歌いながら、いろいろな手あそびにトライしてみてください。

1 難易度低め

「げんこつ山のたぬきさん」にチャレンジ!

両手をグーにして「げんこつ山のたぬきさん」。口の近くで指をぱくぱく開いて「おっぱいのんで」両手を合わせて頬につけて「ねんねして」。

2

両手を胸の前で合わせて「だっこして」。両手を後ろに回しておんぶのしぐさ「おんぶして」。「またあし……」で両手をグーにして上下にぐるぐる回し「た！」でじゃんけん。

ぺたほめポイント

ちょっとした空き時間に手あそびを

車の中や待合室などの空き時間でも、手あそびは大活躍。親子で見つめ合い、触れ合いながら楽しめるので、子どもの情緒の安定にもつながるといわれています。ニコニコ笑顔でやってみてくださいね！

3 難易度高め

難易度の高い他の手あそびにも挑戦してみよう！

もう少し複雑な手あそびに挑戦！　「アルプス一万尺」ならスピードアップするとどんどん難しくなります。

右手で上下に手を振る「2拍子」と、左手で三角に手を動かす「3拍子」を同時に行う「2拍子3拍子ゲーム」は、シンプルなようでやってみると難しい！

column

あそびのヒント

リズムあそびやダンスは親が率先して楽しそうに踊る！

羞恥心やプライドは子どもに受け継がれる

最近では小学校の体育にリズムダンスが取り入れられています。でもときどき「うちの子は恥ずかしがって踊れないんです」と言う親御さんも。話を聞いてみると、そういうご家庭ではだいたい親御さんが踊っていません。親御さんがめんどくさかったり、恥ずかしがったりしていると、子どもも「リズムに乗って踊るのは恥ずかしいことなんだな」と思ってしまいます。

逆に、親自身がリズムに乗って踊るのは楽しいこと、という姿勢を見せれば、子どもも楽しく踊り始めます。ダンス教室につれていく前に、まずは誰も見ていない家で子どもと一緒に歌って踊ってみてください。そして、子どもが踊れたらぺたほめを。踊っている写真を撮って「上手に踊れたね！」「リズムに完璧に乗れていたよ！」などとほめてあげると、自信もつきます。

野菜を収穫した喜びのダンス。
ノリノリでよく踊っていました♪

教室に通う前に「おうち体操教室」「おうち運動会」を

いきなり公園や教室、幼稚園、小学校でちょっと難易度の高い運動に挑戦しようとすると、人目が気になってしまい、あまりやりたがらなくなるかもしれません。

我が家の長男もそうでした。運動が苦手で、次男がすぐに跳べたなわとびも長男はなかなか跳べず。そこで「ママもなわとびが跳べないから、一緒に練習しよう」と誘い、自宅や、人の少ない公園など、人に見られない場所でこっそり練習しました。

なわとびのようにいくつかの動作を同時にしなければいけないあそびでは、ひとつひとつの動作をバラバラに練習するのが上達のポイントです。

走るのもそう。154ページ「かけっこ」では腕を振る練習、地面を蹴り上げるような足の動きの練習、最後に手と足を組み合わせる練習を紹介しました。このようにひとつひとつの動作を丁寧に行い、そのたびに「ちゃんと腕を振れているよ！」「力強く蹴り上げられていて、すごい！」などとほめてあげることが大事なのです。

また**子どもが練習している様子や、親の手本を動画に撮ってみて、親子で研究して**

みるのもおすすめです。

鉄棒や跳び箱など、少し高度な運動もおうちで練習できます。家の中ならいくら失敗しても大丈夫！　毎日練習できて、親からぺたほめしてもらえるので、上達も早いです。

小学校に入ると体育でボールあそびをしたり、リズム体操をしたりとさまざまな種類の運動を行います。未就学のお子さんの場合は、できれば小学校に入る前におうちでいろいろと取り組んでおくと、子どもの自信につながるはずです。

親子のスキンシップが生まれる運動あそびは、親子の信頼関係を築くことにもつながります。リラックスした気持ちで肌と肌を触れ合うことにより、愛着関係を育むホルモン「オキシトシン」が親子ともに分泌されることも期待できます。

お母さん、お父さんも、日頃の運動不足の解消をかねて、ぜひ親子で運動あそびをしてみてください。

第4章

あなたの自己肯定感もぺたほめで育てる

自分の「がんばったこと」を、いくつ書ける？

ここまで、合計41の親子あそびを紹介してきました。やってみたいと思えるあそびは、ありましたか？　すでにやってみた人もいるかもしれませんね。楽しくできたでしょうか。

「ぺたほめ」メソッドを取り入れた親子あそびを通じて、さあ、これから子どもをたくさんほめてあげよう！　と気合を入れている親御さんも、多いのではないでしょうか？

でも、ここでちょっと質問です。

お母さん・お父さん、あなたは最近、誰かにほめてもらいましたか？

以前、私の講座にきたお母さんが、こんなことを聞いてきました。

「私はフルタイムで働いているので、十分に子どもとあそぶ時間がありません。日々、余裕がなくて、子どもにも怒ってばかりです。そんな私は母親失格ですよね？」

私は「それでも何か変わりたくて、私のところに来たんですよね。多くの人は、その行動すら起こさないですよ。だから、ここに来ただけで、十分あなたは偉いです」と答えました。

お母さんもお父さんも、毎日がんばっています。本当にがんばっています。ワンオペ状態になっている家庭もあるかもしれません。毎日慌ただしく、とても疲れているはずです。

それでも子どもにガミガミ言ってしまうのが嫌で、あるいは、子どものために何かをしてあげたくて、私のところに来てくださるのです。

この本を手に取ってくださったあなたも、そうではないですか？

だから、**この本を開き、読もうとしたあなたは、それだけで素晴らしい親だと私は思います。**まだ親子あそびを一つもしていない、という人でも、これを読んでいる時点で十分、がんばっています。

それなのに「私はがんばれていない。まだまだ足りない」と私の講座にやってくる親御さんが、とても多いのです。自分を厳しく追い詰めたり、高い理想を追いかけたりしている。

「私ががんばって厳しく育てないと、ダメな子になってしまうのでは」と不安に駆られている人もいます。

子どもの自己肯定感を育てる前に、お母さん・お父さん自身は、ありのままの自分をまるごと認められていますか？

それをチェックするために、次のページでワークをやってみましょう。

「あなた自身が最近がんばったこと」「これができて私は偉い、と思うこと」を10個、書き出してみてほしいのです。

がんばったこと、といっても大きなことでなくても構いません。

たとえば「夕ごはんを作るのをがんばった」「子どもと一緒にあそべて偉い」など。

「こんなこと、どこの家庭でもやっているのでは？」と他と比較しないで、あなた自身が「がんばった」と思うことを自由に書いてください。

さて、あなたはいくつ、がんばったことを書けるでしょうか？

ワーク

あなたの「がんばったこと」を書き出そう！

「あなた自身最近がんばったこと」
「これができて私は偉い、と思うこと」
を10個、書き出してみましょう。

例）夕ごはんを作るのをがんばった　子どもと一緒にあそべて偉い

189ページの二次元バーコードからダウンロードできます。

いくつ書けたでしょうか？　　　個

子どもは親の鏡

いかがでしょうか。10個なんて多すぎて書けない、そんなに「がんばったこと」はない、と思ったお母さん・お父さんもいるかもしれません。

でも、ちょっと思い出してみてください。今朝、子どもに「おはよう」と言いませんでしたか？　部屋に掃除機をかけませんでしたか？

当たり前のように毎日やっていることの中にも、がんばっていることはたくさんあります。その小さながんばりに気づいてあげてください。そして「がんばってる」「偉いよ」と声に出して、自分をほめてあげましょう。

すると、親御さん自身が変わり始めます。子どもの〝当たり前〟の中にあるがんばりに気づいて、ほめられるようになる。**「こんなのは、やれて当然だ」と思っていたことが、実は子ども自身は、とてもがんばっていたのだと気づくようになるのです。**

次男が、小学校3年生のときに書いた作文には「お母さん、毎日ごはんを作ってくれてありがとう。掃除をしてくれてありがとう」と書かれていました。

それを見たときは「どれも親として当たり前のことばかりなのに」と思ったのですが、ああ、そうか、と気づきました。私が普段、子どもたちに対して「毎日学校に行けて、偉いね」「めっちゃ疲れてるのに、ごはんをいっぱい食べてくれてありがとう」と、当たり前のような小さなことをたくさんほめていたから、子どもたちも私に対して、小さながんばりに気づき、たくさんほめてくれるようになったのです。

だから、**もし今、あなたのお子さんがささいなことでも「お父さん、すごいね」「そんなお母さん、大好き」「ありがとう」とほめてくれていたら、それはあなたの「ぺたほめ」が、とてもうまくいっている証です。**

裏返すと、もし「普段の暮らしの中で、わが子にほめられたり、お礼を言われたりしたことなんて、まったくない」というなら、あなた自身が〝当たり前〟と思い込んで、子どもの小さながんばりをスルーしているのかもしれません。

自分に対しても、子どもに対しても「これくらいできて当然」とＯＫの基準を高くしてしまっていないか、振り返ってみてください。そして、まず自分に対するＯＫの基準をゆるめてあげる。すると、子どもに対しても「ここをがんばっている」「これをほめよう」と気づけるようになっていきます。

親子でお互いに「ぺたほめ」シールを貼り合って

「ぺたほめ」とは、子どものがんばりを見える化し、まるごとほめる作戦のことでした。このメソッドは、**子育てだけでなく、お母さん・お父さんが自分の自己肯定感を上げるために使うこともできます。**

たとえばお母さん・お父さんが今日がんばったことを書いて、冷蔵庫などに貼っておきます。それを見ることで「私ってこんなにがんばれてるんだ！」と、自分自身がほめられるようになってきます。

こんなことを書いてもいいのかな？　と遠慮する必要はありません。**「ぺたほめ」は自己申告制でいいのです。**もし「自分ばかりほめてくれと言っているようで、気が引ける」というなら、お子さんや他の家族にも同じようにがんばったことを書いてもらい、あなたがほめてあげればいいのです。

また、2章の「親子あそび　3つのポイント」で、記録できないがんばりを、シールで見える化させる方法を紹介しました。これと同じように、お母さん用のシール台紙を作って、お母さんががんばったと思ったら、子どもにシールを貼ってもらうのはどうでしょう。

つまり、**親子でお互いに「ぺたほめ」をするということです。**お母さんも、子どもに「お片づけをがんばったね」などとシールを貼ってもらうと、とても嬉しいはずです。

ほめられるって、嬉しい。だから、子どもに対しても、ささいなことでいっぱいほめてあげよう、という気持ちになります。

職場では上司から評価されたり、お客さんからお礼を言われたりする機会がたびたびあるでしょう。でも子育てでは、なかなか他の人にほめてもらう機会がありません。

しかし**家庭でも「承認欲求」を満たすのは、とても大事なことなのです。**

人間の欲求を5つの階層にわけて説明した有名な理論に、アメリカの心理学者・マズローの「欲求5段階説」というものがあります。第1の生理的欲求（空腹を満たしたい、など）、第2の安全の欲求（安全な空間にいたい）、第3の所属と愛の欲求（集団に所属し、家族や友人から受け入れられたい）。

そして第4の段階が承認欲求です。これは、他者から認められたいと願う欲求のことです。

この理論のポイントは、欲求はピラミッドのような階層になっており、低い階層の欲求が満たされることによって、次の段階の欲求を求められるようになる、ということです。

つまり承認の欲求をどれだけ満たせているかによって、次のステップである第5の「自己実現の欲求」を叶えられるかが変わってくる。

大人だって、ほめてもらったほうが、やる気が出るものです。**ほめられて、自己承認ができているからこそ、その次のステップとして、自分がこうありたいと思う母親・父親像に向かってがんばることができるようになるのです。**

「ぺたほめ」メソッドを使って、自分で自分をほめたり、子どもや家族にほめてもらったりする機会を積極的に導入してみてください。

親も人間。失敗したら謝って、また信頼関係を築けばいい

ただし、親も人間です。頭ではダメだとわかっていても、ついイライラしてしまうこともあります。感情的に怒ってしまうたびに後悔していると、お母さんもお父さんもどんどん自信がなくなっていきます。

そこで**敦子流「謝ったらチャラ」というルールを取り入れると、楽になります。**「さっきはごめんね。お母さんが言いすぎちゃった」と、子どもに対しても素直に言葉に出して、謝る。

子どもは謝ったら案外許してくれるものです。親が自分のミスを引きずり、「なぜ私はうまくできないんだろう」とイライラして、また機嫌が悪くなって子どもにぶつけてしまう、という負のスパイラルに入るほうが、よほど子どもには迷惑です。

どうにも疲れてしんどい日は、事前に「今日は具合が良くないから、イライラしち

ゃうかも」と宣言してしまうのもありです。お母さんやお父さんの機嫌が悪いのは自分のせいではないとわかります。

謝ったらチャラ、のルールは、親の気持ちを楽にするためのものでもあります。それなのに、親のプライドが邪魔をしてなかなか謝れないという親御さんは、意外と多いのです。

なかには、子どもが中学生になるまで、ずっと子どもを怒り続けてしまい、謝るチャンスを逃してきた、というお母さんもいました。完全に親子の信頼関係が崩れてしまっており、今から子どもをほめようとしても、子どもはお母さんを信用できません。

私は「まず謝ろう」と、そのお母さんに言いました。

変わりたいのなら、子どもに素直に謝ることから始めよう、と伝えたのです。そして、**これまで自分が無意識のうちにＯＫの基準を引き上げてきたことを自覚し、小さながんばりに気づけるように心がける。**そしてまるごと認めて、ほめてあげる。

その過程では、つい子どもにイラっとしてしまうことや、なかなか素直にほめられないこともあったといいます。それでも、うまくいかないたびに「ごめん。お母さん、変わると言ったのにできていなかったね」と謝ることをしてもらいました。

謝りを子どもが受け入れてくれたら「ありがとう。○○ちゃんは優しいね」とほめることも忘れずに言ってね、と伝えました。

そうして時間はかかりましたが、その親子関係はだんだんと改善し、信頼関係を取り戻すことができました。今では、そのお母さんは何の躊躇《ちゅうちょ》もなく、子どもをほめられるようになりました。


親が本気で変わりたいと思えば、子どもが何歳であっても変われるのです。

「ぺたほめ見せしめ事件」と、本気で子どもを認めてあげること

ときどき「ぺたほめ」をすると、子どもが嫌がるという家庭があります。

以前、私が「ぺたほめ」を伝授した親御さんたちが家に帰ってやってみたところ、子どもたちから「なぜ勝手に貼るの！」と怒られた、というケースがありました。

息子たちはぺたほめされて大喜びしているのに、一体なぜ子どもが怒るのだろう、と私はびっくりしました。

よく聞いてみると、その親御さんたちは、うまくいかなかった模試の結果などを貼っていたのです。それでは「ぺたほめ」ではなく「見せしめ」ですよね。

さらに、これまでほめなかったお母さん・お父さんが急にほめ出したので、子どもたちが「何か魂胆があるのでは？　ひょっとして、何かをやらせようとしている？」と、親の真意を疑ってしまったのでした。

このような反応が子どもから返ってくると「せっかくほめようと思ったのに」と親御さんもガッカリしてしまうかもしれません。**でも、そこで諦めないことが肝心なのです！**

私の場合、「この教科はうまくいかなかった」と子どもが思っている部分だけ後ろに折り込んで見えないようにしまいます。あくまでも子どもが「できた」と思えるものを貼りました。そしてほめる。だから、子どもも喜ぶのです。

さらに「すごい」「かっこいい」など形容詞ばかりでほめていると、子どもも「お母さん・お父さんは、ぼく／私のことを見ていないな？」と気づきます。**子どもの取り組む様子をよく見ていないと、具体的にほめられないのです。**

たとえば子どもが「思ったように字を書けなかった」と思ったとしても、その様子をしっかり見ていれば「でも漢字の一、二、三は、上手に書けてるよ！　小学校にあがる前にもう漢字をマスターしちゃったね！」などと、具体的にできたところをほめることができます。

ぺたほめしようとしたら「上手に描けなかったから、貼らないで」と子どもに言われるケースも、時にはあります。これも、親からの〝ひと押し〟が足りません。

そのタイミングで**「何を言ってるの。私はこの絵をとっても上手だと思うから、貼りたいんだよ」と、親御さんが子どもの気持ちを盛り上げてあげるのです。**

こんなふうに本気で子どもを認めてあげられるようになれば、親子関係はとても良くなります。子どももお母さん・お父さんのほめ言葉を、１００％信用できるようになります。

その**一歩目は、親自身が自分のことを承認し、ほめてあげることなのです。**「ぺたほめ」がうまくいかなかった、私のやり方が良くなかったのかな……と自分を否定するのではなく、「ぺたほめ」しようとした私は偉い！　もうひと押ししてみよう！　と、声に出して自分を励ましてあげてください。

「ぺたほめ親子あそび」チェックシートで、お母さん・お父さんのＯＫの基準も下げて

お母さん・お父さんが自分に対してＯＫを出す基準を下げられれば、子どもに対するＯＫの基準も自然と下げることができるようになります。

「ごはんを作るのは当たり前、それだけでは足りない」と自分に厳しくする気持ちをゆるめて「ごはんを作れるだけで偉い」と、自分をほめてあげる。

すると、親子あそびをしていて、子どもが折り紙を上手に折れなかったとしても、「折ろうとしただけで偉い」「この形にできただけで、すごい」と、本気で思えるようになっていくのです。

そこで、最後にこの本を通じて、どれだけ「ぺたほめ親子あそび」をがんばれたか、チェックシートで確認してみましょう。

1つでもチェックをつけられたあなたは、既に、親子の絆を深めるための一歩を踏み出しています。自信を持って、これからも親子のふれあいを続けていってください。

勉強や運動を楽しめて、がんばれる子どもに。

そして、自分の小さながんばりを、ちゃんと認めてほめられるお母さん・お父さんへ。

「ぺたほめ親子あそび」を通じて、ひとりでも多くのお母さん・お父さん、子どもの笑顔が増えることを願っています。

「ぺたほめ親子あそび」チェックシート

できた項目にチェックしてみてください。
まだやっていないけれど、今すぐできそうなことがあったら、
やってみてチェックを！

- □ この本を買って、開いた
- □ 「この親子あそびをやってみたいな」と、
1つ以上のあそびに印をつけた
／ふせんを貼った
- □ 親子で1つ、あそびにトライした

工作や運動など、上手にできなくても、
途中でやめてしまってもOK！
親も子も、やろうとした気持ちが大事です。

1つ以上にチェックをつけたあなたは……

親子の絆を深めるための
第一歩を、踏み出すことが
できました！

次のページの二次元バーコードから
ダウンロードできます。

175ページのワーク、あなたの「がんばったこと」を書き出そう！
188ページ「ぺたほめ親子あそび」チェックシートは
下の二次元バーコードからダウンロードできます。
ぜひトライしてみてください！

あなたの「がんばったこと」《ワーク》を書き出そう！

「ぺたほめ親子あそび」チェックシート

子育てをもっと楽しめるように
お子さんだけでなく、
親御さん自身も「ぺたほめ」
しましょう！

おわりに

さいごまで読んでくださってありがとうございました。

みなさんは今、子育て真っ只中。「毎日たいへん～」と思われているかもしれませんが、今こそ幸せの真っ只中！子育てを大いに楽しんでほしいのです。子育て期間は、みなさんが想像するよりもずっと短いです。

息子たちが幼稚園生のころ、コーラス部・バレー部・バザーにイベントのお手伝いなど、それらすべてに参加し、週に何度も幼稚園に行っていました。いつもカメラをぶら下げて、先生から「そんなに撮ってどうするの？」と言われても「老後の楽しみに」と返し、笑いを誘っていました。園から帰ると「今日は何してあそぼう」と考えるのも楽しい日々でした。

もちろん、当時は現在のような仕事をしようと思って取り組んでいたのではありません。息子たちの笑顔を増やしたい一心でした。次男がひざの上に乗ってきて、ハグしながら「幸せ～♡」と言ってくれたこと。長男が「ママは、がいと（長男）とけんご（次男）のどっちが一番好きなん？」と本気で聞いてきたこと。２人とも「大きくなったらママと結婚する♡」と告白してくれたこと。どれも昨日のことのように思い出されます。

離婚を経験し、専業主婦から大黒柱へ。息子たちと過ごす時間が激減しました。過労とストレスで全身が痛むようにもなりました。それでも息子たちは私の腰に乗ってくれたり、誕生日には貯めたおこづかいでマッサージ棒を買ってくれたり……。息子たちがいてくれたから毎日がんばれました。大人になった今、よく一緒に食事や旅行に行きます。「藤田さんはいいなあ。うちは中学で一緒に旅行に行ってくれなくなったよ」と友だちから言われたときは、優しい子に育ってくれたと感激しました。

働くお母さん・お父さんでもできます。まるごとほめてがんばりを認める「ぺたほめ」を取り入れながら、親子あそびしてみてください。楽しいと思えるものだけ取り組んでください。大切なのは「親の笑顔」です。「ほめ」のハードルをぐんと下げて、お子さんをたくさん「ぺたほめ」してください。「勉強も人生も楽しめる子」に育ってくれること間違いなしです!

ブログやメルマガ、インスタなどで子育て情報を発信していますが、応援してくださるみなさんのおかげで、心からお届けしたい本ができあがりました。いつも共感してくださる編集担当の野田真菜さん、素敵な本に仕上げてくださって本当にありがとうございました。この本が、日本中の親子を笑顔に、子どもたちの「勉強も人生も楽しい♡」につながることを願っています。

藤田敦子

藤田 敦子 ふじた・あつこ

一般社団法人日本ぺたほめアカデミー協会代表理事。日本心理学会認定心理士・日本心理学会正会員。同志社大学文学部心理学専攻卒業。ほめて認めるをモットーとした「ぺたほめ®教育法」で、息子2人を公立大医学部現役合格に導いたシングルマザー。2018年「ぺたほめ医専アカデミー」を設立し、小学3年生までの子どもの親を対象に「ぺたほめ本気塾」を開講。これまで『小学一年生』(小学館)、小学館の子育てサイト「HugKum」に連載、2021年『第一志望校に合格させた母親がやっている子育て39』(講談社)を刊行。2022年一般社団法人「日本ぺたほめアカデミー協会」を設立。日本中から教育虐待をなくすべく、ぺたほめ講師育成や、幼稚園・塾での講演など活動を広げている。

- 藤田敦子オフィシャルブログ　https://ameblo.jp/petahome/
- ぺたほめ公式サイト　https://petahome.or.jp/
- Instagram　https://www.instagram.com/atsuko.fujita0912/

装丁　坂川朱音(朱猫堂)
本文デザイン　坂川朱音+小木曽杏子(朱猫堂)
編集　野田真菜
編集協力　塚田智恵美
イラスト　もね
DTP　昭和ブライト
撮影　松原敬子
モデル　加藤舞・たくま、辻佑美・栞那

受験も人生も楽しめる! 3〜9歳
理系脳・運動脳が育つ ぺたほめ親子あそび

2024年10月5日　第1刷発行

著者　藤田敦子
発行者　青山明子
発行所　株式会社小学館
〒101-8001 東京都千代田区一ツ橋2-3-1
電話　編集 03-3230-5423　販売 03-5281-3555
印刷　TOPPAN株式会社
製本　牧製本印刷株式会社

ISBN978-4-09-311400-4